IRISH FUN-TASTIC!

C000178083

A follow-up of IRISH IS FUN, the new course in spoken Irish for the beginner

Based on the original *Welsh is Fun-tastic* by Heini Gruffudd, MA and Elwyn Ioan

Irish Version: Dr Seán ÓRiain, H. Dip. in Ed.

© Y Lolfa 1990

ISBN 86243 207 3

Á chlóbhualadh agus á fhoilsiú ag
Y Lolfa, Talybont, Dyfed, Cymru (Wales) SY24 5HE;
guthán (097086) 304.

Réamhrá

(Introduction)

1 Even if you didn't succeed at it in school, you *can* learn to speak Irish if you want to.

2 The secret is simple—15-20 minutes per day *every* day and then *use what you've learned*. That's vital—what you don't use, you quickly forget.

3 There are countless opportunities to use Irish in every-day life—take them!

4 Don't be deterred if you are corrected. Remember that your corrector's Irish may not be as good as he/she would like to pretend. In any case, the language is as much yours as his. If you're very put off by being corrected, practise your Irish with very young children and babies! By doing so you also help the language immeasurably: in the 19th Century most of Ireland lost the language precisely because parents and adults generally, while continuing to speak Irish to each other, spoke only English to children.

5 No matter what the pessimists may think (or hope!) the language is getting stronger. There is now more Irish spoken in Dublin than at any time during the past 200 years. Irish teachers in Belfast can't meet the demand for classes. Every month brings news of the opening of a new naíonra (Irish-language kindergarten) or Gaelscoil (Irish-medium primary or post-primary school) by popular demand.

6 Those who claim that Irish is of no practical value are talking ráiméis. In these days of European integration the need to speak other languages is growing rapidly in all spheres. And what country can do so better than a small nation which speaks its own language—for instance, the Finns, Danes, Norwegians, Swedes or Dutch. Irish speakers, being already bilingual, can learn to speak French or German far more easily than the monolingual English speaker.

7 For instance, if you can pronounce an Irish *ch,* you can pronounce the same sound in German, Spanish, Russian or Welsh. If you know the difference between *is* and *tá* (the two verbs *to be*) you have largely mastered both the use of *ser* and *estar* in Spanish and the emphatic use of *c'est* in French. The Irish broad *t* is similar to the French, Spanish, Italian or Portuguese *t,* unlike the English *t.* The Irish pure vowels are used in most of the languages of Europe, unlike English diphthongs (think of the Irish V. the English pronunciation of *home*). A knowledge of Irish is also invaluable in learning to deal with a different word-order in Continental languages.

8 The first four lessons in this book are revision lessons, using knowledge gained in *Irish is Fun.* You can use them in the following ways:
* Try describing the picture yourself; make up as many sentences as you can (never mind how simple), using as many words as you know.
* Read the conversations aloud.
* Translate the conversations into English (correct translations are given in the back of the book).
* Translate the translations in the back of the book into Irish.
* Once again, make up sentences describing the pictures, and make up conversations of your own. If possible, do this with another 'learner'.

9 The next sixteen lessons introduce new knowledge, but include many words you already know from *Irish is Fun.* Go through these lessons thoroughly, mastering each one before progressing. You may follow these suggestions:
* Read all the conversations aloud.
* Study the notes underneath; re-read trying to understand each sentence, comparing with English translation.
* Covering English translation, re-read, again trying to understand.
* Covering the Irish and English conversations, make up your own conversation, no matter how similar or dissimilar to the one in the book.
* Describe the pictures; make up as many sentences as possible about them using new vocabulary.
* Do the exercises at the end of each lesson. Answers are given at the back of the book (p. 86) so you can do them from English back into Irish as well.
* If possible, get an Irish speaker to help if needed for pronunciation etc.

10 In case of difficulty when trying out your Irish, say:

Níos moille le do thoil.
Táim ag foghlaim Gaeilge.
Pronounced: Neese mwi-lye, lyeh duh hull.
             Taw-im afow-lim Gwayl-gye.

11 Use your Irish whenever you can. All Irish speakers will only be too glad to help.

12 Why not buy a small Irish dictionary (most bookshops)?

13 Ask the bookshop for a list of Irish books for learners (or write to ÁIS, 31 Sr. na bhFíníní, B.Á.C. 2; guthán 01-61 65 22).

14 Join the oldest Irish language organisation, Conradh na Gaeilge; guthán: 01-75 74 01. There are branches (craobhacha) all over Ireland!

15 Wear an Fáinne Nua. It is a sign of willingness to use what Irish you know, not a claim to fluency, and you will be surprised how many people will speak to you in Irish.

J'aimerais remercier ma femme, Suzanne, qui a tapé le manuscrit avec rapidité et précision.

Dymuna'r cyfieithydd fynegi ei ddiolch dwys i'r Lolfa, a gyhoeddodd ac a argraffodd y llyfr hwn.

Ba mhaith liom mo bhuíochas a chur in iúl do Sheán Mac Mathúna, Ard-Rúnaí Chonradh na Gaeilge, as a chuid cabhrach agus tacaíochta. Mé féin is cúis le pé locht atá ar an leabhar seo.

Seán Ó Riain

Feabhra 1990

Litriú Agus Fuaimniú

(Spelling & pronunciation)

Irish is a more or less phonetic language, but the actual spelling system is quite complex. This is because 18 letters have to be manipulated to cover 60-odd sounds. (English has only 41, French 36.) There is no j, k, q, v, w, x, y, z.

Many sounds in Irish do not exist in English. A native speaker of Irish, or a recording of one, is the best guide, and the following is, of necessity, a poor substitute. If you follow it closely, you will achieve approximately the same degree of inaccuracy as most learners.

CONSAIN LEATHANA/CHAOLA
(broad and slender consonants)

Every consonant has two sounds, depending on the nearest vowel.

GUTAí LEATHANA (Broad vowels): A, O, U
GUTAí CAOLA (Slender vowels): I, E

A broad vowel makes its consonant broad, and a slender vowel makes it slender.

Generally speaking, with a broad consonant the lips are slack, and with a slender consonant they are tensed.

b	broad	:	almost like 'bw', *bán* (white)
b	slender	:	similar to English 'b', lips tighter, *b* (be)
c	broad	:	like 'k', tongue further back in mouth, *cad* (what)
c	slender	:	not in English, a 'ky' sound with tongue well forward, *cé* (who)
d	broad	:	like English 'd' in 'Dan', but thicker, try putting tip of tongue behind upper teeth, *dara* (second)
d	slender	:	like 'd' in 'duke', with tongue behind upper teeth, *deoch* (drink)
f	broad	:	lips very slack, front upper teeth inside lower lip, almost like 'fw', *fa* (long)
f	slender	:	lips very tight, front upper teeth on side lower lip, rather like 'f' in five, *fiacla* (teeth)
g	broad	:	similar to English 'g' in 'got', *gúna* (dress)
g	slender	:	almost like 'gy', tongue well forward, *giolla* (youth)
l	broad	:	similar to English 'l' in 'love', *lá* (day)

6

l	slender	:	'ly' sound, like 'l' in value, *le* (with)
m	broad	:	almost like 'mw', *muc* (pig)
m	slender	:	similar to English 'm', *mil* (honey)
n	broad	:	similar to English 'n' i 'fun', *nua* (new)
n	slender	:	like 'n' ın 'new', *ní* (not)
p	broad	:	lips very slack, *pós* (marry)
p	slender	:	lips very tight, *pian* (pain)
r	broad	:	like English 'r' in 'run' but broader, initial 'r' nearly always broad, *rud* (thing)
r	slender	:	impossible to describe, like a cross between an 'r' and a 'z', *Éire*
s	broad	:	like English 's' in 'sad', *sásta (satisfied)*
s	slender	:	like 'sh', *sí* (she)
t	broad	:	like English 't' in 'too', but broader, put tip of tongue behind upper front teeth, *tá* (is)
t	slender	:	'ty' sound, as in 'tune', *te* (hot)

SÉIMHIÚ
(Aspirated consonants)

(Consonants followed by a 'h'. The sound is changed as indicated.)

bh, mh	broad	:	like 'v', *a bhád* (his boat), *a mháthair* (his mother)
bh, mh	slender	:	like'v' *a bhean* (his wife), *a mhéar* (his finger)

ch	broad	:	not in English, as in 'loch', German *acht* (eight), Spanish *joven* (young), Russian *charashow* (good); *a chóta* (his coat)
ch	slender	:	rather like 'h' in 'hue', as in German *ich* (I), *a cheann* (his head)
dh, gh	broad	:	1. Initial- not in English, a gutteral sound at the back of the throat, as in Spanish *luego* (then), *dhá* (two), *a ghuth* (his voice) 2. In middle of word:-silent (see diphthongs below) 3. End of word, -adh= -a in noun; = -ach in verb, *casadh* (turn), *bheadh* (would be)
dh, gh	slender	:	like a 'y', *a dheoch* (his drink), *a ghé* (his goose)
fh		:	silent
ph		:	like 'f', *a phóg* (his kiss)
sh, th	broad	:	like 'h' in 'how', *a shaol* (his life), *a thoil* (his will)
sh, th	slender	:	like 'h' in 'humid', *a shiopa* (his shop), *a thír* (his country).

URÚ
(Eclipse, see lesson 6)
This involves replacing an initial letter with another sound. The original letter is written but not spoken.

páirc *(park)*—a field
i bpáirc *(ih bark)*—in a field

exception: in eclipsed 'ng' both letters are pronounced.

ACCENT
In all dialects the accent is usually on the first syllable. In Munster it is sometimes on the second or third. We have italicised the syllable to be stressed in the Irish-English vocabulary where the stress falls other than on the first syllable.

FADA
The fada (= long) is the accent like the French acute (´) over a vowel. It makes the vowel long, and sometimes indicates stress.

SOME VOWELS
Vowels are pronounced largely as in the English of Ireland; they are not dipthongised as in the English of the south of England.

ea is pronounced like a short 'ah'
é is pronounced like 'ay' in 'say'
í, aoi, ao are pronounced like 'ee' in 'see'.

The four diphthongs in Irish are written as follows:

1. *saghas* (kind) is pronounced as 'sice'
   radharc (view) is pronounced as 'ryrk'
2. *leabhar* (book) is pronounced 'lyour'
   domhan (world) is pronounced 'down'
   rogha (choice) is pronounced 'row' (= squabble)
   bodhar (deaf) is pronounced 'bour'
3. Not in English
   siad (they) is pronounced 'she-ad' approximately
4. Not in English
   fuar (cold) is pronounced 'foo-ar' approximately.

Contents
page

DUL SIAR

REVISION lessons (based on Irish is Fun)

*For ANSWERS and TRANSLATIONS
see page 93*

DUL SIAR 1 (Revision)
AN STÁISIÚN (The Station)

Is/Are	Is?/Are?	Is there?/Is the?
Tá	*sí*	*sa traein*
	sé	*ag dul sa traein*
	mála	
	an mála	
	na málaí	

An bhfuil mála sa traein? Níl, níl aon mhála sa traein.
An bhfuil sé/an mála/Liam/sí sa traein?
Níl. Níl sé/an mála/Liam/sí sa traein.

COMHRÁ A hAON (Conversation 1)

An bhfuil an traein sa stáisiún?
Tá, tá sí ar ardán a haon.
Cathain atá an traein ag imeacht, a ghrá?
Tá sí ag imeacht ar a leathuair tar éis a trí.
Cá bhfuil d'fhear?
Tá sé sa traein.

COMHRÁ A DÓ (Conversation 2)

Dia dhuit, an bhfuil cóip de *Anois* agat, le do thoil?
Níl aon *Anois* againn. Ach tá *Lui* anseo.
Go breá. Cé mhéad atá ar *Lui*?
Punt seasca, le do thoil.
Tá cíocha móra ar an mbean! Há. Há. Seo dhá phunt.
Go raibh maith agat. Daichead pingin de bhriseadh. Slán leat!

COMHRÁ A TRÍ (Conversation 3)

A ghiolla! An bhfuil an traein ag dul go Corcaigh?
Níl. Tá sí ag dul trí Áth Luain.
An bhfuil aon traein sa stáisiún ag dul go Corcaigh?
Tá, tá ceann ag sroicheadh ardán a trí anois. Ach tá sí ag imeacht ar a cearthrú chun a haon déag maidin amárach.
Ó a dhiabhail! Go raibh maith agat, a ghiolla.

FREAGAIR—ANSWER

1. Cén t-am é?
2. An bhfuil traein ar ardán a haon?
3. An bhfuil fear ag ceannach Lui?
4. An bhfuil sé go breá?
5. An bhfuil an giolla ag obair?
6. Cathain atá an traein ag dul go Corcaigh?
7. Cá bhfuil an traein ar ardán a haon ag dul?
8. Cá bhfuil an siopa nuachtán?

síleáil

solas leictreach

fuinneog

cofra

seomra folctha

seomra codlata

cailín

féilire

cuirtíní

cuisneoir

athair

folcadán

máthair

cupán

crúiscín

brioscaí

fochupán

siúcra

cócaireán

madra

cat

bainne

brat urláir

bia

12

DUL SIAR 2
SA TEACH (In the House)

I am/You are etc		...not...
Táim	ag teacht	An bhfuilim?
Tá tú	ag ithe	An bhfuil tú?
Táimid	ullamh	An bhfuilimid?
Tá sibh		An bhfuil sibh?
Tá siad		An bhfuil siad?
Nílim		ag teacht
Níl tú		ag an mbord
Nílimid		ullamh

COMHRA A hAON

An bhfuil tú ag éirí, a Sheán?
Táim. Táim do mo ní féin.
Tá tú déanach. Táimid ag imeacht ar a naoi, tá 's agat.
Is cuma. Nílim bearrtha fós.
An bhfuil an bricfeasta ullamh?
Tá, tá sé ar an mbord.

COMHRÁ A DÓ

A Niamh! An bhfuil tú ag teacht don bhricfeasta?
Táim. Táim do mo ghléasadh féin anois.
Cá bhfuil mo sciorta, a mhamaí?
Tá sé sa chófra. An bhfuil brístín agat?
Tá, agus cíochbheart. An bhfuil ubh don bhricfeasta?
Tá, ubh bheirithe.

COMHRÁ A TRÍ

A Phádraig, cad ba mhaith leat don bhricfeasta?
Ba mhaith liom ubh, arán tíortha is subh.
Ar mhaith leat cupán tae? Níor mhaith, ba mhaith liom bainne a ól.
A dhiabhail! Tá an t-arán tíortha ag dó.
A thiarcais! Tá an madra ag ithe an aráin, Máirín san fholcadán, is nílimid ullamh le himeacht.

FREAGAIR

1. An bhfuil tú ag éirí anois?
2. An bhfuil tú ag ithe bricfeasta?
3. An bhfuil tú ag ól bainne sa tae?
4. An bhfuil tú ag tógáil folcaidh roimh do bhricfeasta?
5. An bhfuil tú ag ithe aráin tíortha?
6. Cá bhfuil Máirín?
7. Cad tá ar siúl ag Niamh?
8. An bhfuil siad ullamh le himeacht?

scamall

long

grian

uachtar reoite

bád seoil

snámh
swimming

portán

2p—dhá nhingin
3p—trí pingine
7p—seacht bpingine

raidió

gaineamh

rámhainn

beoir

caisleán gainimh

carraigeacha móra

bolg le gréin
sunbathing

púróga
pebbles

14

DUL SIAR 3
COIS FARRAIGE (At the Sea-side)

COMHRÁ A hAON

Tá sí te.
Tá. Tá cíocha breátha móra aici.
Ní hea, a amadáin!—tá an aimsir te.
Ó, cinnte, tá, an-te. Ar mhaith leat
uachtar reoite?
Ba mhaith liom ceithre cinn, le do thoil.
Cé mhéad?
Sé pingine an ceann. Sin ceithre pingine
fichead. . .
Go raibh maith agat.

COMHRÁ A DÓ

Tá an caisleán mór.
Tá. Is maith liom caisleán gainimh a
thógáil.
An mbíonn tú ag snámh? Ní bhíonn,
ach bím ag seoladh.
An bhfuil Aodh ag ceannach uachtair
reoite?
Tá. Tá sé ag fáil ceithre cinn.

COMHRÁ A TRÍ

An bhfuil tú gléasta?
Tá, tá bicíní orm.
An bhfuil tú ag féachaint ar an bhfear
leis an gcaisleán gainimh?
Táim. Níl sé ag féachaint orainn.
Fear mór láidir atá ann.

Adjectives: séimhiú (= + h) after 'an'
(= very)
fliuch: tá an aimsir an-fhliuch.
mór: fear an-mhór atá ann.
beag: tá an bicíní an-bheag.
(c-ch; p-ph; g-gh; b-bh; f-fh; m-mh)
Habitual: 'bíonn' instead of 'tá'
*tá an cailín go hálainn: bíonn an cailín
ag snámh gach lá*
*níl an lá fliuch inniu: ní bhíonn sé fliuch
riamh*
*an mbíonn an aimsir go breá? bíonn go
minic*

FREAGAIR

1. An mbíonn tú ag féachaint ar chailíní
   i mbicíní?
2. An mbíonn tú ag snámh san
   fharraige?
3. An mbíonn an fear ag ceannach
   uachtair reoite?
4. An mbíonn an t-athair ag tógáil
   caisleán?
5. An bhfuil an aimsir fuar?
6. Cá bhfuil an fear ag snámh?
7. An bhfuil na cailíní go hálainn?
8. An bhfuil siad ag fanacht san óstán?

15

GARÁISTE NA CILLE

16

DUL SIAR 4
AN GARÁISTE (The Garage)

Will/will not

Beidh mé, tú sé, sí, sibh, siad
Beimid
Ní bheidh, mé, tú, sé, sí, sibh, siad
Ní bheimid

Questions	*Yes*	*No*
An mbeidh mé?, etc.	*Beidh*	*Ní bheidh*
An mbeimid?	*Beimid*	*Ní bheimid*

COMHRÁ A hAON

An raibh an carr i gceart?
Ní raibh, bhí na coscáin briste.
An raibh an giar i gceart?
Bhí, buíochas le Dia.
An raibh tú ag obair ar an gcarr ar
maidin?
Bhí, bhí mé ag obair go han-chrua.

COMHRÁ A DÓ

An bhfuil an carr ullamh?
Níl, ní bheidh sé ullamh inniu.
An mbeidh sé ullamh amárach?
Beidh. An mbeidh tú ag teacht anseo
amárach?
Beidh, beidh mé ag glaoch ar a naoi a
chlog.

COMHRÁ A TRÍ

Ba mhaith liom íoc, le do thoil.
Go raibh maith agat. Seo an bille.
A dhiabhail! Tá sé uafásach daor.
Tríocha punt.
An nglacfaidh tú le seic?
An bhfuil cárta bainc agat?
Níl, tá brón orm.
Is cuma. Beidh an carr ag dul i gceart
anois.

Was/were

Bhí mé, tú, sé, sí, sibh, siad
Bhíomar

Questions	*Yes*	*No*
An raibh mé?, etc	*Bhí*	*Ní raibh*
An rabhamar?	*Bhíomar*	*Ní rabhamar*

FREAGAIR

1. An raibh an carr i gceart?
2. An raibh tú ag obair ar maidin?
3. An raibh tú ag obair inné?
4. An raibh an bille daor?
5. An mbeidh an carr ullamh amárach?
6. An mbeidh tú ag dul ag obair
   amárach?
7. An mbeidh tú ag dul a luí anocht?
8. An bhfuil cárta bainc agat?

* Now begin

FUN-TASTIC

Irish. . .

NA CEACHTANNA

The Lessons

N.B.
Go through the pictures (1-8) first;
then go back to study the grammar and vocabulary
& finally do the "Say and Translate" exercise.
Master one lesson before going on to the next.

CEACHT A hAON: **Ag Dul Amach** (Going Out)

Tar, a Niamh, brostaigh ort.
Táimid déanach.
Come, Niamh, hurry.
We are late.

Ceart go leor! Faigh
mo sciorta gorm.
All right! Go fetch
my blue skirt.

scáthán

uaireadóir
watch

1

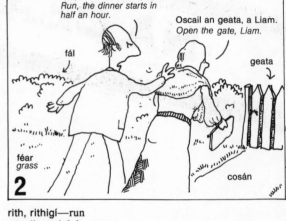

Rith; tá an dinnéar ag tosú
i gceann leathuaire.
Run, the dinner starts in
half an hour.

Oscail an geata, a Liam.
Open the gate, Liam.

fál

féar
grass

geata

cosán

2

COMMANDS

Add -(a)igí to the verb for plurals: cuirigí,
déanaigí

tar, tagaigí—come
brostaigh, brostaigí—hurry up
téigh, téigí—go

rith, rithigí—run
oscail, osclaigí—open
tiomáin, tiomáinigí—drive
bí, bígí—be
bain, bainigí—take off, cut
ól, ólaigí—drink
ith, ithigí—eat
suigh, suígí—sit

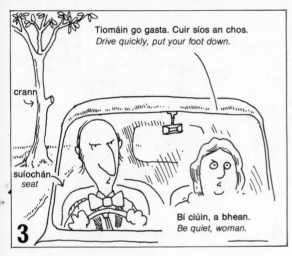

crann

suíochán
seat

Tiomáin go gasta. Cuir síos an chos.
Drive quickly, put your foot down.

Bí ciúin, a bhean.
Be quiet, woman.

3

Fáilte, tagaigí isteach.
Bainigí díbh na cótaí.

*Welcome, come in,
Take off your coats.*

Go raibh maith agat,
téigh romham, a Niamh.

*Thanks, you go
before me, Niamh.*

← balla

4

triomaigh, triomaigí—wipe dry
féach, féachaigí—look
léigh, léigí—read
tabhair, tugaigí le—bring, take

5

Ólaigí agus ithigí. A thuilleadh fíona?
Drink and eat. More wine?

Beagán, le do thoil. Triomaigh an bord, a Niamh.

A little, please. Wipe the table, Niamh.

fíon

turcaí

prátaí

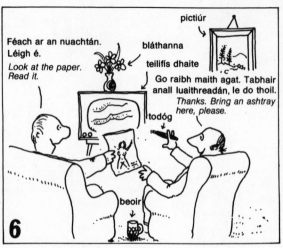

6

Féach ar an nuachtán. Léigh é.
Look at the paper. Read it.

pictiúr

bláthanna

teilifís dhaite

Go raibh maith agat. Tabhair anall luaithreadán, le do thoil.
Thanks. Bring an ashtray here, please.

todóg

beoir

FOCLÓIR (Vocabulary)

déanach—late
ceart go leor—all right
sciorta—skirt
gorm—blue
dinnéar—dinner
tosaigh—start

geata—gate
gasta—fast, quick
ciúin—quiet
romham—before me
fíon—wine

Remember that the correct answers to the "Say & Translate" exercises are on page 95 & 96.

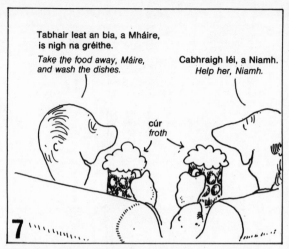

Tabhair leat an bia, a Mháire, is nigh na gréithe.

Take the food away, Máire, and wash the dishes.

Cabhraigh léi, a Niamh.

Help her, Niamh.

cúr
froth

Go raibh maith agaibh as an oíche an-taitneamhach.

Thanks for the very enjoyable evening.

Tagaigí arís. Tá a thuilleadh fíona anseo.

Come again. There's more wine here.

ar meisce
drunk

ABAIR AGUS AISTRIGH (Say and Translate)

1. Rith, táimid déanach.

2. Tiomáin go mall *(slowly)*.

3. Oscail an doras.

4. Tar isteach.

5. Bain díot an cóta.

6. Téigh romham.

7. Suígí ag an mbord.

8. Ith an bia go léir *(all)*.

9. Tabhair anall an nuachtán.

CEACHT A DÓ **Ag Ceannach Éadaí** (Buying Clothes)

Maidin Shathairn
Saturday morning

Tá cíochbheart, blús, sciorta is stocaí nua uaim chun dul ar an bpósadh.

I want a new bra, blouse, skirt and stockings to go to the wedding.

Ná caith an iomad.
Don't spend too much.

← leaba

← adhairt

eaglais

Siopa Éadaigh Liam   *Liam's Clothes Shop.*

leath-uair

Ná bí i bhfad. Ní mór an carr a bhogadh i gcionn leathuaire.
Don't be long—the car must be moved in half an hour.

Saor-reic / Sale

Ceart go leor.
All right.

áit pháirceála
parking place

1. *Tá... uaim*—I want... (see 'ó')
   Cad atá uait?—What do you want?

2. **DON'T... NÁ**

   Don't look—*ná féach.*
                    + h before vowels
   Don't drink—*ná hól.*
   He asked me (not) to drink the beer—
   dúirt sé liom (gan) an bheoir a ól.

5

Ach tá cúig phunt ar an gceann uaine.
But the green one costs £5.

Ach tá sé sin uafásach!
But that one's terrible!

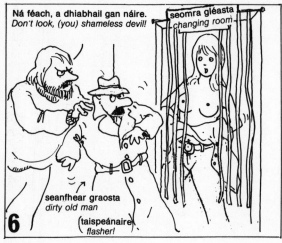

6

Ná féach, a dhiabhail gan náire.
Don't look, (you) shameless devil!

seomra gléasta
changing room

seanfhear graosta
dirty old man

(taispeánaire
flasher!

FOCLÓIR

stocaí—socks, stockings
pósadh—wedding
saor-reic—sale
an iomad—too much
caith—spend
bog—move
uair—hour

imní—worry
trácht—traffic
gránna—nasty
oir do—suit
uafásach—awful
saor—cheap

sladmhargadh—bargain
fág—leave
é seo—this
fíneáil—fine
cúirt—court
giúistís—magistrate

26

ABAIR AGUS AISTRIGH

1. Ná bí i bhfad.

2. Ná téigh ag siopadóireacht.

3. Ná féach ar an teilifís.

4. Ná seasaigí ag an doras.

5. Ná bíodh imní ort.

6. Ná caith an iomad.

7. Ná caithigí sean-éadaí.

An Nuacht (The News)

Seo dhaoibh an nuacht. *Here is the news.*
Chuaigh mianadóirí guail na tíre ar stailc inniu.
The country's coal miners went on strike today.

2
Labhair an tAire Saothair leis na mianadóirí.
The Minister for Labour spoke to the miners.

"Téigí ar ais ag obair", a dúirt sé.
"Go back to work," he said.

...mo ghiolla mear

PAST TENSE

Marked by séimhiú (= +h) or d' before a vowel or *fh*- on the ORDER FORM.
  cuir—put *ól*—drink
  chuir sí—she put *d'ól sí*—she drank

SPECIAL FORMS: chuaigh (went), tháinig (come), dúirt (said), rug (caught), chuala (heard), dhein (made), fuair (got), chonaic (saw), thug (gave).

3

Chuaigh teach i mBala na Breataine Bige trí thine inniu.
A house in Bala, Wales went on fire today.

Tháinig an bhriogáid dóiteáin.
The fire brigade came.

Dhóigh an teach go talamh. Teach saoire a bhí ann.
The house burnt to the ground. It was a holiday home.

pobal áitiúil → *local people* →

4

D'ól Tadhg Mac Suain ó Bhaile na Beorach tríocha pionta beorach inniu.
Tadhg Mac Suain of Baile na Beorach drank 30 pints of beer today.

Bhailigh sé punt do dhea-chúiseanna.
He raised £1 towards good causes.

REGULAR: labhair (spoke), dhóigh (burnt), d'éirigh (rose, got up), chodail (slept), rith (ran), d'fhéach (looked),

e.g. *rith sí, sé, an fear, na fir.*

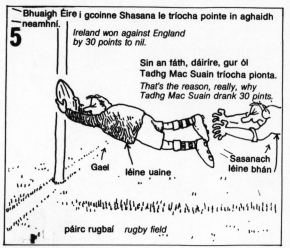

5

Bhuaigh Éire i gcoinne Shasana le tríocha pointe in aghaidh neamhní.

Ireland won against England by 30 points to nil.

Sin an fáth, dáiríre, gur ól Tadhg Mac Suain tríocha pionta.

That's the reason, really, why Tadhg Mac Suain drank 30 pints.

Gael   léine uaine

Sasanach léine bhán

páirc rugbaí   *rugby field*

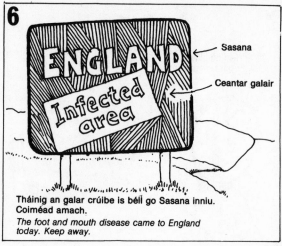

6

Sasana

Ceantar galair

Tháinig an galar crúibe is béil go Sasana inniu. Coiméad amach.

The foot and mouth disease came to England today. Keep away.

FOCLÓIR

Éire—Ireland
Sasana—England
An Bhreatain Bheag—Wales
mianadóir—miner
tír—country
gual—coal
ar stailc—on strike
seo caite—last

ar ais—back
trí thine—on fire
teach saoire—holiday house
dea-chúis—good cause
galar—disease
crúb is béal—foot and mouth
comhlacht—company
réamhaisnéis—forecast
cluiche—match

30

7

mustraí
snob

Dhein Comhlacht Ola B.P. brabús de dhaichead milliún punt an mhí seo caite.

B.P. Oil Company made a profit of £40,000,000 last month.

8

Agus seo í réamhaisnéis na haimsire.
Beidh sé fliuch gach lá go ceann míosa.
And here is the weather forecast.
It will rain every day for a month.

codladh
sleeping

gloine fholamh
empty glass

ABAIR AGUS AISTRIGH

1. Chuaigh mianadóirí ar stailc.

2. Chuaigh teach trí thine.

3. Tháinig an bhriogáid dóiteáin.

4. Bhuaigh Éire an cluiche i mbliana *(this year).*

5. Bhuaigh Sasana anuraidh *(last year).*

6. Rith Aodh chuig an obair.

7. Chodail an fear go déanach.

CEACHT A CEATHAIR **Oíche Chaife** (Coffee Evening)

Cathain atá oíche chaife an pháirtí ag tosú?
When does the Party's coffee evening begin?

Thosaigh sí leathuair ó shin.
It began half an hour ago.

Ar chuaigh tú chuig an gcluiche?
Did you go to the match?

Chuaigh, chonaic mé é go léir.
Yes, I saw it all.

PAST TENSE again!

QUESTIONS use *ar*, negatives use *níor* (with a vowel, drop the d'),

e.g.   ar thosaigh se?   thosaigh/níor thosaigh
ar ól sé?   d'ól/níor ól

There is a special form for 'we': d'ólamar, thosaíomar.

The following forms are sometimes used, particularly in the south:

d'ólas : d'ól mé   bhíobhair : bhí sibh
chuais : chuaigh tú   ní rabhadar : ní raibh siad.

3

Chuaigh mé ag siopadóireacht, 'on diabhal, shiúlamar an lá go léir.
I went shopping, by devil, we walked all day.

4

An raibh canadh maith agaibh ag an gcluiche?
Did you have good singing at the match?

ceirtlís bhairille
draught cider

ag triomú na ngloiní
drying the glasses

Bhí, chanamar go hiontach.
Yes, we sang wonderfully.

► FOCLÓIR

go léir—all
beagán—a little
abhaile—homewards
an tslí ar fad—all the way
seo chugainn—next
faic—nothing
ó shin—ago
is cuma—it doesn't matter

33

5 Ar ól tú an bheoir go léir?
Did you drink all the beer?

6 Ar shiúil tú abhaile tar éis
na siopadóireachta?
Did you walk home after shopping?

7 Ar cheannaigh tú rud éigin sa bhaile mór?
Did you buy something in the town?

Níor cheannaigh.
níor cheannaigh mé faic.
No, I bought nothing.

8 Táim ag dul go dtí an cluiche Dé Sathairn seo chugainn!
A dhiabhail, tá sé a deich a chlog. Is cuma, b'fhearr an oíche anocht ná oíche chaife.

*I'm going to the
game next Saturday!
Hell, it's ten o'clock.
Oh well (lit. It doesn't matter), tonight was
better than a coffee evening.*

ABAIR AGUS AISTRIGH

1. Thosaigh sé ar a seacht a chlog.

2. Ar chuaigh tú go dtí an cluiche inniu?

3. Chuaigh, chuaigh mé go dtí an cluiche.

4. Chuamar ag siopadóireacht sa bhaile mór.

5. Ar ól tú an bheoir go léir?

6. Shiúlamar an tslí go léir.

7. Bhíomar ansin an lá go léir.

CEACHT A CÚIG **Sa Chlub** *(Mar athrú!)* *(In the Club—for a change!)*

1 Ar cheannaigh tusa an chéad chur?
Did you buy the first round?

Níor cheannaigh.
Tusa a thosaigh.
No I didn't.
You started.

2 An bhfuair tú a seacht dúbailte?
Did you get double 7?

Ní bhfuair, a dhiabhail.
No I didn't, hell.

PAST TENSE—some notes

In some irregular verbs, the dependent form (used for questions, negative statements, after 'that') is very different, e.g.

POSITIVE	NEGATIVE	QUESTION
chonaic mé (I saw)	*ní fhaca mé*	*an bhfaca mé?*
bhí mé (I was)	*ní raibh mé*	*an raibh mé?*
fuair mé (I got, found)	*ní bhfuair mé*	*an bhfuair mé?*

36

rinne mé (I did, made)

(dhein mé)

chuaigh mé (I went)

ní dhearna mé	*an ndearna mé?*
(níor dhein mé)	*(ar dhein mé?)*
ní dheachaigh mé	*an ndeachaigh mé?*
(níor chuaigh mé)	*(ar chuaigh mé?)*

NOTE: The first 3 verbs do not use the normal past 'níor' and 'ar' for negatives and questions. The last 2 can be used as regular verbs. It's simpler, which is why we do so here!

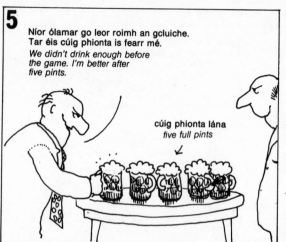

 FOCLÓIR

dúbailt—double
go leor—enough
roimh—before
tar éis—after
gloine—glass
pictiúrlann—cinema

scannán—film
folamh—empty
uair amháin—once
faoi dhó—twice
seal—turn

ABAIR AGUS AISTRIGH

1. Ar cheannaigh tú éadaí sa bhaile mór?

2. Níor cheannaigh mé faic.

3. An bhfuair tú go leor don dinnéar?

4. Fuair, ach ní bhfuair mé aon mharóg.

5. An bhfaca tú an scannán sa phictiúrlann?

6. Ní fhaca.

7. Ar ól tú an bheoir go léir?

8. Níor ól, níor ól mé an bheoir go léir.

CEACHT A SÉ **Am Bia** (Food-Time)

1

Tá an bia ullamh. Cá bhfuil ár bpáistí?
Food is ready. Where are our children?

Ní fheadar. Tá a gcótaí ag an doras.
I don't know. Their coats are by the door.

2

A, ansin atá sibh, a pháistí.
Ah, here you are, children!

POSSESSIVE ADJECTIVES!?!

—or in other words

1. —my, his, her, our, your, their.
   mo (my), do (your, singular), a (his): +
   séimhiú, e.g. deoch: mo dheoch/m'áit, do
   dheoch/d'áit, a dheoch/a áit

a (her) prefixes h to vowels: a deoch; áit: a
háit (her place) ár (our), bhur (your, plural), a
(their): + urú, e.g. ár ndeochanna/ár n-áit,
bhur ndeochanna/bhur n-áit, a ndeochanna/a
n-áit.

3

Tá mo chuid prátaí fuar, a mhamaí.
My potatoes are cold, mum.

Tá mo chuid feola crua, a mhamaí.
The meat is hard, mum.

Tá seilide i mo chuid cabáiste, a mhamaí.
There's a snail in my cabbage, mum.

4

Tá mo mheacain bhána dubh, a mhamaí.
My parsnips are black, mum.

Tá mo chuid súlaigh tanaí.
My gravy is thin.

2. URÚ

This involves adding a new letter. Only the new letter is pronounced (exception 'ng'):

p—bp	:	páistí—ár bpáistí
b—mb	:	bus—ár mbus
t—dt	:	teach—bhur dteach
d—nd	:	deoch—bhur ndeochanna
c—gc	:	cóta—a gcótaí
g—ng	:	gúna—a ngúnaí
f—bhf	:	fiacla—a bhfiacla
vowel—+n	:	áit—a n-áit

3. STRESS

Possessive adjectives are never stressed in Irish, unlike English.

your turn—do sheal *your* turn—do shealsa
our turn—ár seal *our* turn—ár sealna

41

5

Tá mo dheoch ró-the, a mhamaí.
My drink is too hot, mum.

Dúnaigí bhur gclabanna, a pháistí, agus ithigí.
Shut your mouths, children, and eat.

6

Tá a scian salach.
His knife is dirty.

Tá a spúnóg ró-bheag.
His spoon is too small.

FOCLÓIR

ní fheadar—I don't know, I wonder
prátaí—potatoes
feoil—meat
cabáiste—cabbage
meacain bhána—parsnips
súlach—gravy

deoch—drink
clab—mouth, gob
oinniúin—onions
iad féin—themselves
bia—food
áit—place

7

Tá a pláta ró-bheag, a mhamaí, agus tá a béal salach.

*Her plate is too small, mum,
and her mouth is dirty.*

8

Tá mo pháistí ina ndiabhail bheaga. Iad féin a dhéanfaidh a gcuid bia anocht.

*My children are little devils.
They'll make their
food themselves tonight.*

ABAIR AGUS AISTRIGH

1. Tá bhur mbia ullamh—éirigí!

2. Tá mo chuid prátaí fuar.

3. Tá mo chuid cabáiste crua.

4. Tá mo mheacain bhána dubh.

5. Tá a dhinnéar ag éirí fuar.

6. Tá ár bpáistí ina ndiabhail bheaga.

7. Tá a spúnóg salach.

8. Tá mo dhinnéar ar an mbord.

43

CEACHT A SEACHT **Ag Ceannach Cairr** (Buying a Car)

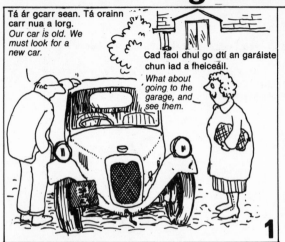

Tá ár gcarr sean. Tá orainn carr nua a lorg.
Our car is old. We must look for a new car.

Cad faoi dhul go dtí an garáiste chun iad a fheiceáil.
What about going to the garage, and see them.

Garáiste Uí Néill agus a Chomhlacht

Is maith liom é.
I like it.

Níl sé ar díol, ar an drochuair.
It's not for sale, unfortunately.

1. VOCATIVE CASE

Used to address people. Examples from this and other lessons (note séimhiú where possible):

Séamas—a Shéamais!   mamaí—a mhamaí!
páistí—a pháistí!   Máire—a Mháire!
Liam—a Liam!   Seán—a Sheáin!

2. STRESS again!

Personal pronouns have a special stressed form:

mé—mise
tú—tusa
sé—seisean
sí—sise

Oireann sé seo duit.
This suits you.

Oireann, meallann sé go mór mé.
Yes, it attracts me a lot.

IR£16,000

3

An féidir leat é a fheiceáil, a Shéamais?
Can you see it, Séamas?

Ní féidir, ní mian liom carr daor a fheiceáil.
No, I don't want to see an expensive car.

4

sinn—sinne
sibh—sibhse
siad—siadsan

The stressed part of a sentence normally comes first:

Mise a cheannaigh an carr—*I* bought the car
An carr a cheannaigh mé—I bought *the car*

FOCLÓIR

cad faoin. . .—. . . what about. . .
garáiste—garage
ar díol—for sale
ar an drochuair—unfortunately
oir—suit
meall—attract
daor—expensive
as mo mheabhair—mad (lit. 'out of my mind')

ró-bheag—too small
ró—too
i bhfad—a lot/far
seic—cheque
líonta—filled
tá ar. . .—must
mian—wish

7

Trí bliana chun íoc
3 years to pay

Seo an seic—tá sé líonta agam.

Here's the cheque—I have filled it.

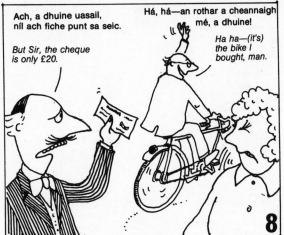

Ach, a dhuine uasail, níl ach fiche punt sa seic.

But Sir, the cheque is only £20.

Há, há—an rothar a cheannaigh mé, a dhuine!

Ha ha—(it's) the bike I bought, man.

8

ABAIR AGUS AISTRIGH

1. Tá ort suí sa charr.

2. Tá an carr seo ar díol ar chúig phunt.

3. Carr maith a bhí i mo charr.

4. Ní mian liom é a dhíol.

5. Is mian liom é a cheannach.

6. Ní fhaca mé cheana *(before)* iad.

7. Thaitin sé léi *(she liked it)* go mór.

8. Dhíolamar iad go léir.

CEACHT A hOCHT **Laethanta Saoire** (Holidays)

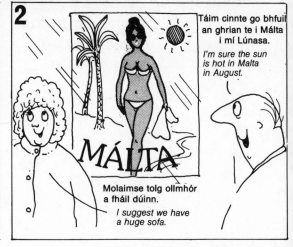

THAT—GO + urú (Past: GUR + séimhiú)
Tá a fhios agam go bhfuil Aodh ag teacht.
I know that Hugh is coming.

PAST	: go raibh, gur tháinig
FUTURE	: go mbeidh, go dtiocfaidh
'that he is not'	: nach bhfuil sé

3

An Iodáil

Chuala mé go bhfuil sé go breá san Iodáil i mí an Mheithimh, Iúil, Lúnasa agus Mhéan Fómhair.

I've heard that it's fine in Italy in June, July, August and September.

4

Ní hea, táim cinnte gur fearr liom Alba.

No, I'm sure I like Scotland better.

ALBA

An Almáin
Germany

I Mí—in the month of. . . ,followed by

Eanáir—January
Feabhra—February
Márta—March
Aibreáin—April
Bhealtaine—May
An Mheithimh—June
Iúil—July

Lúnasa—August
Mheán Fómhair—September
Dheireadh Fómhair—October
Na Samhna—November
Na Nollag—December

Dé Domhnaigh, Luain, Máirt, Céadaoin, Déardaoin, hAoine, Sathairn—On Sunday,. . .

5

Tá óstáin mhaithe ansin, ach measaim gur fearr iad i Málta.

There are good hotels there, but I believe they are better in Malta.

6

Molaim dul go dtí an Óstán del Sol i Valencia,—féach.

I suggest we go to the Hotel del Sol in Valencia—look.

FOCLÓIR

ar saoire—on holiday
i mbliana—this year
troscán—furniture
mol—suggest, praise
an Eilvéis—Switzerland
an Iodáil—Italy
óstán—hotel
meas—think
an bhliain seo chugainn—next year

7

Deir sé go mbíonn sé te go leor le snámh ag meán oíche.

It says it's warm enough to swim at midnight.

8

Níos déanaí
Later...

Ná bíodh imní ort— molaim dul go Trá Lí chun mo mháthair a fheiceáil sa samhradh.

Don't worry—I suggest we go to Tralee to see my mother in the summer.

Ó, a Chríost!
Oh, Christ!

ABAIR AGUS AISTRIGH

1. Measaim go bhfuil go leor airgid agat.

2. Chuala sé go bhfuilimid ag bogadh.

3. Táim cinnte go bhfuil sé go breá san Iodáil.

4. Molann sí dúinn troscán a fháil.

5. Deir sé nach bhfuil an t-óstán go maith.

6. Táim cinnte go dtaitneoidh an Eilvéis liom.

7. Léigh sí go mbíonn grian i Málta an lá go léir.

8. Mheasamar go raibh Valencia te.

Ag Imirt Gailf (Playing Golf)

FUTURE

Note endings in '-idh'.
Special 'we' form: beimid, cuirfimid.

NUMBERS

1st—an chéad + séimhiú	6th—an séú
2nd—an dara	7th—an seachtú
3rd—an triú	8th—an t-ochtú
4th—an ceathrú	9th—an naoú
5th—an cúigiú	10th—an deichiú

3

Féach! Poll ar cheann amháin! Measaim go mbuafaidh mise agus go gcaillfidh tusa.

Look! Hole in one! I think that i'll win and that you'll lose.

4

A dhiabhail! Sa ghaineamh! Ní mheasaim go gcuirfidh mé an liathróid san fhéar.

Hell! (Lit. Devil) In the sand! I don't think that I'll get the ball to the grass.

An dara poll domsa.

The second hole to me.

FOCLÓIR

deacair—difficult
iarann—iron
uimhir—number
sul i bhfad—before long
rud éigin—something
taobh thiar de—behind

gach aon rud—everything
b'fhéidir—perhaps
faoi dheireadh—at last
tart—thirst
beo—quick, live
téanam—come on, let's go

ABAIR AGUS AISTRIGH

1. Measaim go mbeidh sé fliuch.

2. Measann sé go mbuafaidh sé.

3. Tá súil againn *(we hope)* go mbuafaimid.

4. Measann siad go gcaillfidh mé.

5. Táim cinnte go dtiocfaidh sí.

6. B'fhéidir go dtiocfaidís anocht.

7. Measaim go mbeidh an liathróid sa ghaineamh.

8. Chuala mé go mbeidh sé ag dul sul i bhfad.

Sléibhteoireacht (Mountaineering)

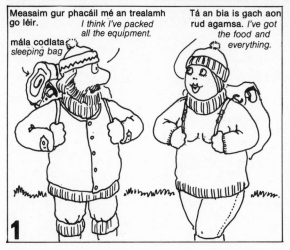

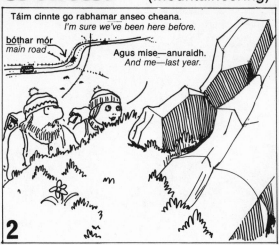

NOTES: 1. mise agus tusa—you and I.
Last is the position of honour in
Irish, as in church processions!
2. *THAT* (past)—GUR + séimhiú

Measaim go bhfaca mé an mullach—sna scamaill.

I think I saw the summit— in the clouds.

3

Táim cinnte gur shiúil mise is tusa deich míle slí.
Tá na bróga trom.

*I'm sure that you and I have walked ten miles.
The boots are heavy.*

4

5 Tá sé in am dúinn rud éigin a ithe.
It's time for us to have something to eat.

Á, buidéal beorach—go hiontach.
Ah, a bottle of beer—wonderful.

6 Tá an t-ádh linn go bhfuil sé go breá inniu.
We are lucky that it's been fine today.

 FOCLÓIR

pacáil—pack
trealamh—equipment, kit
anuraidh—last year
an t-ádh—luck
drochrath—damn (*lit.* bad prosperity)
mullach—summit

cruinniú mullaigh—summit meeting
ceobhrán—mist
ceo—fog
míle—thousand
míle slí—mile

58

bothán aoire
shepherd's hut

Drochrath air! Táim cinnte gur thosaigh sé ag cur is tá ceobhrán ag teacht.

Damn! I'm sure it started to rain and a mist is coming.

7

fothain
shelter

Tar chun suí anseo.
Come to sit here.

Hóigh, stad, measaim go bhfaca siad sinn.

Hey, don't—I think they've seen us.

8

ABAIR AGUS AISTRIGH

1. Measaim gur thosaigh sé ag cur.

2. Táim cinnte go rabhamar anseo cheana.

3. Táim cinnte gur shiúlamar i bhfad Éireann *(very far)*.

4. Measaim gur phacáil sé gach aon rud.

5. Measaim gur féidir liom an mullach a fheiceáil.

6. Tá súil agam gur chuimhnigh tú ar *(remembered)* an mbeoir.

7. Mheas sé go bhfacamar ansin é.

8. Ní mheasaim gur shiúlamar cúig mhíle slí.

Siopa Féiríní (Gift Shop)

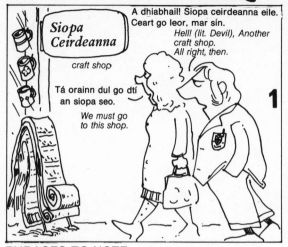

Panel 1:

Siopa Ceirdeanna
craft shop

A dhiabhail! Siopa ceirdeanna eile.
Ceart go leor, mar sín.
Hell! (lit. Devil), Another craft shop.
All right, then.

Tá orainn dul go dtí an siopa seo.
We must go to this shop.

Panel 2:

CRÉ-EARRAÍ
pottery

Bréidín Gaelach
Irish tweed

mil
honey

B'fhearr dom post nua a fháil.
I'd better get a new job.

Tá orm sciorta a cheannach.
I've got to buy a skirt.

gan airgead
no money

PHRASES TO NOTE

Tá x agam — I have x

Tá orm... — I must...

B'fhearr dom... — I'd better...
     neg. *níorbh fhearr...*

B'fhearr liom... — I'd prefer...
     question *arbh fhearr?*

Ba chóir dom — I should...
     neg. *níor chóir...*
     question *ar chóir?*

3 B'fhearr dom féachaint ar na cré-earraí.
I'd better look at the pottery.

B'fhearr duit féachaint ar gach aon rud.
You'd better look at everything.

4 Téanam, anois, b'fhearr dúinn imeacht—beidh na tithe tábhairne ar oscailt i gceann deich nóiméad.
Come, now, we'd better go—the pubs will be open in ten minutes

Tá sé in am dom. . . — It's time for me to. . .

They change for person as follows (see also p.91)

						stressed	
mé	orm	agam	dom	liom	liomsa	domsa
tú	ort	agat	duit	leat	leatsa	duitse
sé	air	aige	dó	leis	leis-sean	dósan
sí	uirthi	aici	di	léi	léise	dise
sinn	orainn	againn	dúinn	linn	linne	dúinne
sibh	oraibh	agaibh	daoibh	libh	libhse	daoibhse
siad	orthu	acu	dóibh	leo	leosan	dóibhsean

61

FOCLÓIR

ceird—craft
bréidín—tweed
cré—clay
earraí—goods
bog-earraí—software
post—job

adhmad—wood
slinn—slate
cumhrán—perfume
leabhair Ghaeilge—Irish books
féirín—gift

ABAIR AGUS AISTRIGH

1. Tá orm dul go dtí an siopa seo.

   _____

2. Tá orainn rud éigin do mhamaí a cheannach.

   _____

3. B'fhearr dúinn féachaint ar na cré-earraí.

   _____

4. Tá sé in am duit post nua a fháil.

   _____

5. Bhí sé in am dúinn troscán nua a fháil.

   _____

6. B'fhearr dó féirín a cheannach.

   _____

7. An bhfuil sé in am dúinn dul abhaile?

   _____

8. Arbh fhearr dúinn fanacht anseo?

   _____

CEACHT A DÓ DHÉAG **An Margadh** (The Market)

1

uibheacha feirme / farm eggs

fíon -chaora / grapes

sútha talún / strawberries

cabáiste / cabbages

meacain bhána / parsnips

Tá orm sútha talún a cheannach roimh imeacht.

I must buy strawberries before I leave.

2

Tá cuma mhaith ar an gcabáiste—ceannaigh ceann sula n-imeoimid.

The cabbages look good— buy one before we go.

FUTURE

1. Ends in -idh
2. Irregular: gheobhaidh, ní bhfaighidh—will get, find
   déarfaidh, ní déarfaidh—will say
   íosfaidh, ní íosfaidh—will eat
   tiocfaidh, ní thiocfaidh—will come
   rachaidh, ní rachaidh—will go
3. Special 'we' form: beimid, gheobhaimid
4. 'Before': SULA + urú + future: sula dtiocfaidh

64

ROIMH + séimhiú + verbal noun:
roimh dhul
5. 'After': TAR ÉIS + verbal noun: tar éis dul

5 Cos uaineola, le do thoil.
Leg of Lamb, please.

Téanam, sula gcaithfidh tú an t-airgead go léir.
Come, before you spend all the money.

6 Tá orm dul go dtí an seastán éisc roimh imeacht.
I must go to the fish stall before going.

FOCLÓIR

sútha talún—strawberries
mairteoil—beef
sicín—chicken

uaineoil—lamb
scadán—herring
bradán—salmon

7

Tar éis dúinn dul abhaile, gheobhaidh tú dinnéar maith.
After we go home, you'll have a good dinner.

8

Téanam, nó ní bheimid sa bhaile sula ndúnfaidh na tithe tábhairne.
Come, or we won't be home before the pubs close.

ABAIR AGUS AISTRIGH

1. Táim ag imeacht sula ndúnfaidh an siopa.

2. An bhfuilimid ag dul abhaile sula bhfaighimid an dinnéar.

3. Bhí sé anseo sular tháinig tú.

4. Beimid ag dul tar éis dóibh imeacht.

5. Tiocfaidh mé tar éis a hocht a chlog.

6. Tar anseo sula gcríochnóimid, mar sin.

7. Tá sí ag ceannach bia roimh theacht anseo.

8. An bhfaigheann tú an dinnéar tar éis teacht abhaile.

Teilifís (Television)

1 Cad atá ar an teilifís anocht, a stór?
What's on the television tonight, love?

An-chuid—ach gan mórán Gaeilge.
Very much—but not much Irish.

2 Cén clár atá ar siúl anois?
Which programme is now?

'Cúrsaí'—clár nuachta
'Cúrsaí'—a news programme.

THE VERB 'IS' (TO BE)

1. Irish has another verb 'to be' besides 'tá': 'is' (pronounced 'iss').

* When a question starts with a noun or a name,
Yes—IS EA (pron. 'shah'), No—Ní hEA.
Scannán atá ar siúl? Is ea/Ní hea.
(Is it) a film that is on? Yes/No.

3

Ansin tá scannán Meiriceánach.
Then there's an American film.

Cé hiad na haisteoirí?
Who are the actors?

John Wayne agus amadán éigin eile.
John Wayne and some other fool.

RTÉ Guide

4

Clár Gaelige atá ansin?
Is it an Irish programme afterwards (Lit.that's then)?

Is ea, buíochas le Dia.
Yes, thank God.

2. 'Is' is used to express permanence:

Is mise Seán Ó Ceallaigh	—*I am Seán Kelly.*
Is rothaí mé	—*I am a cyclist.*
Deir sé gur rothaí é	—*He says he is a cyclist.*
but Táim ag rothaíocht	—*I am cycling (at the moment).*

3. 'Is' is used to emphasise:
An tusa a d'ól an bheoir go léir? Is mé/Ní mé, is é (pron. 'shay') Tadhg a dhein é.
Is it you who drank all the beer? Yes/No, it's Tadhg who did it.

4. As seen above, the negative of 'is' is 'ní', question form is 'an?', relative is 'gur'.

69

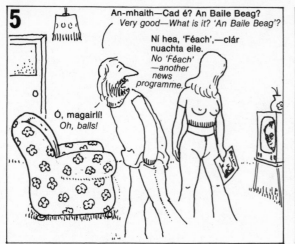

5

An-mhaith—Cad é? An Baile Beag?
Very good—What is it? 'An Baile Beag'?

Ní hea, 'Féach',—clár nuachta eile.
No 'Féach'—another news programme.

Ó, magairlí!
Oh, balls!

6

Cén saghas cláir atá ar a deich?
What kind of programme is it at ten?

Dráma Béarla—scéal grá, is dóigh liom.
An English play—a love story, I think.

5. Past tense/conditional of 'is' is 'ba', negative 'níor', question form 'ar?':
Ar mhaith leat dul amach? Ba mhaith/Níor mhaith.
Would you like to go out? Yes/No.

FOCLÓIR

clár—programme
scannán—film
a stór!—love!
aisteoir—actor
múch—quench, switch off

ar siúl—on (what's on?)
smaoineamh—idea
an-chuid/mórán—a lot
cinneadh—decide, decision
saghas—kind

ABAIR AGUS AISTRIGH

1. Cén clár atá ar an teilifís anocht?

_____

2. Cén saghas scannáin atá sa phictiúrlann?

_____

3. Cad atá ar an raidió ar a hocht a chlog?

_____

4. Cé hiad na haisteoirí sa scannán?

_____

5. Dráma Gaeilge atá ar a sé, an ea?

_____

6. Ní hea, dráma Béarla, gan amhras.

_____

7. Cathain atá an nuacht?

_____

8. Ar a deich a chlog.

_____

CEACHT A CEATHAIR DÉAG **An Iarsmalann** (The Museum)

1

Seo an iarsmalann atá sa leabhar!
Here's the museum that's in the book!

Is ea, téanam isteach inti.
Yes, come on inside.

2

Seo sean-charraig a tháinig ó Bharr an tSléibhe.
Here's an old stone that came from Barr an tSléibhe (Mountain Top).

Ghearradh muintir na Clochaoise feoil léi.
People of the stone age cut meat with it.

WHO, WHICH, THAT—A + séimhiú:

e.g. I saw the man *who* moved out—Chonaic mé an fear *a* bhog amach.
This is the book *that* I saw—Seo an leabhar *a* chonaic mé.

She saw the work *which* I did—Chonaic sí an obair *a* dhein mé.

Exception: atá: *who is, which is*
The man who is ill—*An fear atá* breoite.
This construction with *'a'* is used in all tenses:

72

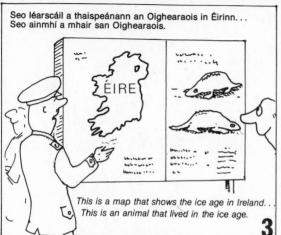

Seo léarscáil a thaispeánann an Oighearaois in Éirinn. . .
Seo ainmhí a mhair san Oighearaois.

This is a map that shows the ice age in Ireland. . .
This is an animal that lived in the ice age.

3

Sa phictiúr tá bean atá ag caitheamh éadaí ó chraiceann ainmhí san Iarannaois.

In the picture there is a woman who is wearing clothes of animal skin in the Iron Age.

4

An bhean atá, a bhí, a bheidh—The woman who is, was, will be

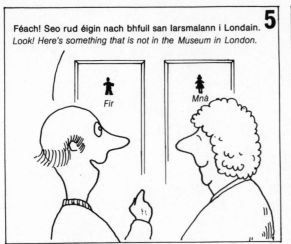

5

Féach! Seo rud éigin nach bhfuil san Iarsmalann i Londain.
Look! Here's something that is not in the Museum in London.

Fir

Mná

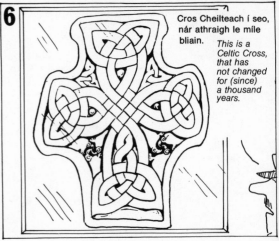

6

Cros Cheilteach í seo, nár athraigh le míle bliain. *This is a Celtic Cross, that has not changed for (since) a thousand years.*

FOCLÓIR

gearr—cut
ghearradh—used to cut
aois—age
oighear—ice
léarscáil—map
coimeádaí—keeper
caith—wear, throw
athraigh—change
bonn airgid—coin

taispeáin—show
cros—cross
barr—top
sliabh—mountain
cloch—stone
craiceann—skin
páirc—field
úsáid—use

7 Seo an chromleac a chonaiceamar i bpáirc na feirme.
This is the cromlech that we saw in the field of the farm.

cromleac

Gan pionta agam
Oh, for a pint.

Boinn airgid a d'úsáid na Rómhánaigh dhá mhíle bliain ó shin.
Pieces of money that the Romans used two thousand years ago.

8

ABAIR AGUS AISTRIGH

1. Seo an fheirm atá sa leabhar.

_____

2. Seo léarscáil a thaispeánann an t-óstán.

_____

3. Feicim an fear a bhí anseo inné.

_____

4. Cá bhfuil an carr a chonaic mé aréir *(last night)*?

_____

5. An bhfuil aithne agat *(do you know)* ar an mbean a d'imigh?

_____

6. Seo an caife a dhéanann bia maith.

_____

7. Cá bhfuil an sliabh atá ar an léarscáil?

_____

8. Cá bhfuil an t-airgead a bhí ar an mbord?

_____

CEACHT A CÚIG DÉAG **Campáil** (Camping)

Seo sinn tar éis an campa a shroicheadh.
"Here we are (after having) arrived at the camp.

Is fearr é ná fanacht in óstán.
It's better than staying in a hotel."

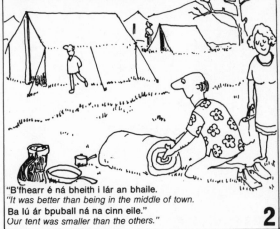

"B'fhearr é ná bheith i lár an bhaile.
"It was better than being in the middle of town.
Ba lú ár bpuball ná na cinn eile."
Our tent was smaller than the others."

COMPARING

as. . . as—*chomh. . . le* (+h before vowels)
more. . . than—*níos. . . ná/is. . . ná*
most—*is. . .* (past ba. . .)

e.g.
Seán is as strong as Liam—*Tá Seán chomh láidir le Liam.*
Eoin is stronger than them—*Is láidre Eoin ná iad.* or *Tá Eoin níos láidre ná iad.*
Micí is the strongest—*Is é Micí is láidre.*
Micí was the strongest—*Ba é Micí ba láidre.*

"Ba é ár bpuballna ba lú!
Our tent was the smallest!
Cé nach raibh sé mór, ba leor é."
Although it was not big, it was enough."

3

"Ní raibh taobh amháin chomh mór leis an gceann eile.
"One side was not as big as the other.

Agus ba mhó cleith amháin ná an ceann eile." *And one pole was bigger than the other."*

4

IRREGULARS

good	maith	níos fearr	is fearr, b'fhearr
bad	olc	níos measa	is measa, ba mheasa
small	beag	níos lú	is lá, ba lú
big	mór	níos mó	is mó, ba mhó
numerous	iomaí	níos lia	is lia, ba lia
hot	te	níos teo	is teo, ba theo

5 "Bhí an téad chomh fada le teanga mná."
"The rope was as long as a woman's tongue!"

6

"B'áille an tír ná Tiobraid Árann faoin tuath—is ea— an tír is áille san Eoraip."

"The country was more beautiful than Tipperary country—yes—the most lovely countryside in Europe."

 FOCLÓIR

lár—middle
puball—tent
cleith—pole
téad—rope
radharc—view
cois—near, by

puball a chur suas—put up a tent
sroich—reach
cé—although
teanga—tongue, language
tír—country
faoin tuath—in the country (side)

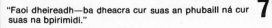

7

"Faoi dheireadh—ba dheacra cur suas an phubaill ná cur suas na bpirimidí."

"At last—putting up the tent was more difficult than putting up the pyramids."

8

"Agus ba é an teach tábhairne cois an champa an ceann ab fhearr sa tír."

"And the pub by the camp was the best one in the country."

ABAIR AGUS AISTRIGH

1. Is fearr campáil ná fanacht sa bhaile.

2. Ba lú ár bpuballna ná na cinn eile.

3. B'áille an tuath ná an baile.

4. Is tirime an aimsir sa samhradh.

5. Ba é do charr-sa ab fhearr.

6. Bhí an fharraige chomh gorm leis an spéir.

7. B'fhaide ná deich míle slí uainn an campa.

8. Bhí an puball chomh teolaí *(warm)* le híoglú.

Is álainn mar a cuireadh páipéar ar na ballaí.
The walls have been papered beautifully.

Fuaraíodh an bheoir—tá sí blasta.
The beer has been cooled— it's tasty.

1. WHEN SOMETHING IS DONE TO YOU

Irish expresses the passive as follows:
I am being kicked—*Táthar do mo chiceáil.*
The tea is being drunk—*Tá an tae á ól.*
The house has been burnt—*Dódh an teach.*

The work has not been done—*Níor deineadh an obair.*
It was said. . .—*Dúradh. . .*
It used to be said. . .—*Deirtí. . .*
The doors will be closed—*Dúnfar na doirse.*
I am taken by car—*Tugtar sa charr mé.*

3

Níor pógadh an bhean taobh thiar den bheár riamh.
The woman behind the bar has never been kissed.

4

Dhá uair an chloig níos déanaí
Two hours later

Ocht bpionta—níor líonadh sinn fós.
Eight pints—we have not been filled up yet.

2. IF

When probable—MÁ + séimhiú
When improbable—DÁ + urú
Unless, if not—MURA + urú
e.g.
If you give me beer, I'll drink it—
Má thugann tú beoir dom, ólfaidh mé é.

If I had a bank, I'd buy a pub—
Dá mbeadh banc agam, cheannóinn teach tábhairne.
If you don't drink it, I will—
Mura n-ólann tú é, ólfaidh mise é.

5 Tá an t-inneall á chiceáil—tá an t-airgead ag titim amach.
The machine is being kicked—the money's flowing out.

Tar éis dhá phionta dhéag
After 12 pints

Ar tugadh *hic* anseo i dtacsaí thú?
Were you hic brought here by taxi?

Má tugadh, is féidir linn níos mó a ól.
If so, we can have more to drink.

6

➤ **FOCLÓIR**

fuaraigh—to cool
líon—to fill
fós—yet
inneall—machine
stad—to stop

tit—to fall
blasta—tasty
póg—to kiss
tóg—to take

ABAIR AGUS AISTRIGH

1. Péinteáladh an doras go maith.

2. Itheadh an bia go léir.

3. Níor óladh an bheoir.

4. Ní fhacthas *(seen)* mé.

5. Tá sí á pógadh.

6. Bhí siad á líonadh leis an mbia.

7. Tugtar sa charr thú.

8. Níor íocadh *(paid)* as an obair é.

Gramadach

(Grammar!)

In this book, all the grammar you need is put at the end of the individual lessons. Those especially interested are referred to the pages which follow.

TABLE 1: Regular Verbs

Imperative	Present	Indicative Past	Future	Conditional	Verbal Noun/Adj.
TÓG	Tógaim Tógann	Thóg	Tógfaidh	Thógfainn Thógfá Thógfadh sé	ag tógáil/ tógtha
BRIS	Brisim Briseann	Bhris	Brisfidh	Bhrisfinn Brisfeá Bhrisfeadh sé	ag briseadh/ briste
CEANNAIGH	Ceannaím Ceannaíonn	Cheannaigh	Ceannóidh	Cheannóinn Cheannófá Cheannódh sé	ag ceannach/ ceannaithe
LÉIGH	Léim Léann	Léigh	Léifidh	Léifinn Léifeá Léifeadh sé	ag léamh/ léite
SUIGH	Suím Suíonn	Shuigh	Suífidh	Shuífinn Shuífeá Shuífeadh sé	ag suí/suite

Impersonal Forms

TÓG	Tógtar	Tógadh	Tógfar	Thógfaí
BRIS	Bristear	Briseadh	Brisfear	Bhrisfí
CEANNAIGH	Ceannaítear	Ceannaíodh	Ceannófar	Cheannófaí
LÉIGH	Léitear	Léadh	Léifear	Léifí

NOTE: The g in ag is never pronounced before a consonant, e.g.
   ag briseadh—*pron.* eh brisha
   ag ól—*pron.* egg ole

Table 2: Irregular Verbs

Imperative	Present	Indicative Past	Future	Conditional	Verbal Noun/Adj.
Bí	Bím Bíonn	Bhí an raibh? ní raibh	Beidh	Bheinn Bheifeá Bheadh sé	Bheith/--
	Táim/Nílim Tá an bhfuil? níl				
ABAIR	Deirim Deir(eann)	Dúirt an ndúirt? ní dúirt	Déarfaidh	Déarfainn Déarfá Déarfadh sé	ag rá/ráite
DÉAN	Déanaim Déanann	Rinne an ndearna? ní dhearna	Déanfaidh	Dhéanfainn Dhéanfá Dhéanfadh sé	ag déanamh/ Déanta

FAIGH	Faighim Faigheann	Fuair an bhfuair? ní bhfuair	Gheobhaidh an bhfaighidh? ní bhfaighidh	Gheobhainn Gheofá Gheobhadh sé	ag fáil/ faighte
FEIC	Feicim Feiceann	Chonaic an bhfaca? ní fhaca	Feicfidh	D'fheicfinn D'fheicfeá D'fheicfeadh sé	ag feiceáil/ feicthe
TÉIGH	Téim Téann	Chuaigh an ndeachaigh? ní dheachaigh	Rachaidh	Rachainn Rachfá Rachadh sé	ag dul
BEIR	Beirim Beireann	Rug ar rug? níor rug	Béarfaidh	Bhéarfainn Bhéarfá Bhéarfadh sé	ag breith/ beirthe
CLOIS	Cloisim Cloiseann	Chuala ar chuala? níor chuala	Cloisfidh	Chloisfinn Chloisfeá Chloisfeadh sé	ag cloisteáil/ cloiste

ITH	Ithim Itheann	D'ith ar ith? níor ith	íosfaidh	D'íosfainn D'íosfá D'íosfadh sé	ag ithe/ite
TABHAIR	Tugaim Tugann	Thug ar thug? níor thug	Tabharfaidh	Thabharfainn Thabharfá Thabharfadh sé	ag tabhairt/ tugtha
TAR	Tagaim Tagann	Tháinig ar tháinig? níor tháinig	Tiocfaidh	Thiocfainn Thiocfá Thiocfadh sé	ag teacht/ tagtha
	Is an? ní	Ba ar(bh)? níor(bh)		Ba ar(bh)? níor(bh)	

Impersonal Forms

Bí	Bítear	Bhíothas ní rabhthas	Beifear	Bheifí
ABAIR	Deirtear	Dúradh/ní-	Déarfar	Déarfaí

Prepositional Pronouns

	mé	tú	sé	sí	sinn	sibh	siad
ag	agam	agat	aige	aici	againn	agaibh	acu
ar	orm	ort	air	uirthi	orainn	oraibh	orthu
as	asam	asat	as	aisti	asainn	asaibh	astu
chuig	chugam	chugat	chuige	chuici	chugainn	chugaibh	chucu
de	díom	díot	de	di	dínn	díbh	díobh
do	dom	duit	dó	di	dúinn	daoibh	dóibh
faoi	fúm	fút	faoi	fúithi	fúinn	fúibh	fúthu
i	ionam	ionat	ann	inti	ionainn	ionaibh	iontu
idir	—	—	—	—	eadrainn	eadraibh	eatarthu
le	liom	leat	leis	léi	linn	libh	leo
ó	uaim	uait	uaidh	uaithi	uainn	uaibh	uathu
roimh	romham	romhat	roimhe	roimpi	romhainn	romhaibh	rompu
thar	tharam	tharat	thairis	thairsti	tharainn	tharaibh	tharstu
trí	tríom	tríot	tríd	tríthi	trínn	tríbh	tríothu
um	umam	umat	uime	uimpi	umainn	umaibh	umpu

NOUNS AND ADJECTIVES

1. The article AN alters the pronunciation of feminine nouns (except when the word starts with a vowel or t, d, l, n, or r). The 'n' of *an* is not pronounced before a consonant:

bean	an *bh*ean	b becomes v
farraige	an *fh*arraige	f becomes silent
maidin	an *mh*aidin	m becomes v
gaoth	an *gh*aoth	g becomes gh
mí	an *mh*í	m becomes v
teilifís	an teilifís	t remains t
deoch	an deoch	d remains d
trá	an trá	t remains t
áit	an áit	á remains á
oíche	an oíche	o remains o

2. When words such as MÓR, BEAG, FUAR etc. follow a feminine noun notice how they change:

an *bh*ean *bh*reá

an *fh*arraige *mh*ór

ADVERBS

In English, you usually add '-ly' to the adjective, e.g. quick, quickly. In Irish we put 'go' before the adjective—gasta, go gasta; álainn, go hálainn (prefixes 'h' to vowel).

Freagraí agus Aistriúcháin

(Answers & Translations—use them 'in reverse' as well for practice.)

DUL SIAR (REVISION)

Pictiúr 1

Comhrá 1

Is the train in the station? Yes, it is on platform one. When is the train going, love? It's going at half past three. Where is your husband? He is on the train.

Comhrá 2

Hello, good morning, have you got a copy of *Anois,* please? No we haven't got *Anois.* But *Luí* is here. Very good. What is *Luí*'s price? One pound sixty, please. There are big breasts on the woman! Ha. Ha. Here is two pounds. Thanks. Forty pence change. Good bye!

Comhrá 3

Porter! Does the train go to Cork? No, it doesn't! It goes through Athlone. Is there a train in the station going to Cork? Yes, it's arriving now on platform three. But it's leaving at a quarter to eleven tomorrow morning. O devil! Thanks porter.

Suggested Answers

1. Tá sé a trí a chlog. 2. Tá, tá traein ar ardán a haon. 3. Tá, tá fear ag ceannach *Luí*. 4. Tá, tá sé go han-bhreá. 5. Tá, tá an giolla ag obair. 6. Tá an traein ag dul go Corcaigh ar a ceathrú tar éis a deich. 7. Tá an traein ar ardán a haon ag dul go Gaillimh. 8. Tá an siopa nuachtán sa stáisiún.

Pictiúr 2

Comhrá 1

Are you getting up, Seán? Yes, I'm washing. You are late. We are going at nine, remember. It doesn't matter. I haven't shaved yet. Is breakfast ready? Yes, it's on the table.

Comhrá 2

Niamh! Are you coming to have breakfast? Yes!
I'm dressing now. Where's my skirt, mam? It's in
the cupboard. Have you got nickers? Yes, and a
bra. Is there an egg for breakfast? Yes, a boiled
egg.

Comhrá 3

Pádraig, what do you want for breakfast? I want
an egg, toast and marmalade. Do you want a cup
of tea? No, I don't. I want to drink milk. Devil!
The toast is burning. Hell! The dog's eating the
toast, Máirín is in the bath and we (are) not ready
to go.

Suggested Answers

1. Tá, táim ag éirí anois. 2. Tá, táim ag ithe bric-
feasta. 3. Tá, táim ag ól bainne sa tae. 4. Níl, nílim
ag tógáil folcaidh roimh mo bhricfeasta. 5. Tá,
táim ag ithe aráin tíortha. 6. Tá Máirín san
fholcadán. 7. Tá Niamh á gléasadh féin. 8. Níl, níl
siad ullamh le himeacht.

Pictiúr 3

Comhrá 1

It's hot (*or* She's hot). Yes. She's got hellish big
breasts. No, the fool, the weather is hot. O yes, of
course, yes, very hot. Do you want ice cream?
Yes, I want four, please. How much is one? Six
pence. That's twenty-four pence... thanks.

Comhrá 2

The castle's big. Yes. I like building a sand castle.
Do you swim? No, but I sail. Is Aodh buying ice
cream? Yes. He's getting four.

Comhrá 3

Have you dressed? Yes, I'm wearing a bikini. Are
you watching the man with the sand castle? Yes.
He's not looking at us. The man is big and strong.

Suggested Answers

1. Bíonn, bím ag féachaint ar chailíní i mbicíní. 2.
Bíonn, bím ag snámh san fharraige. 3. Bíonn,
bíonn an fear ag ithe uachtair reoite. 4. Ní bhíonn.
5. Tá, tá an aimsir fuar. 6. Tá an fear ag snámh
san fharraige. 7. Tá, tá na cailíní go hálainn. 8.
Níl, níl siad ag fanacht san óstán.

Pictiúr 4

Comhrá 1

Was the car all right? No, it wasn't The brake has
broken. Was the gear all right? Yes, Thank God.
Were you working on the car this morning? Yes, I
was working very hard.

Comhrá 2

Is the car ready? No, it will not be ready today.
Will it be ready tomorrow? Yes. Will you be com-
ing here tomorrow? Yes, I shall phone at nine
o'clock.

Comhrá 3

I want to pay, please. Thanks. Here's the bill.
Devil! It's hellish expensive. Thirty pounds! Will
you take a cheque? Have you got a bank card?
No. I'm sorry. Never mind. The car will go all
right now.

Suggested Answers

1. Ní raibh. 2. Bhí, bhí mé ag obair go crua ar
maidin. 3. Ní raibh, ní raibh mé ag obair inné. 4.
Bhí, bhí an bille uafásach daor. 5. Beidh, beidh an
carr ullamh amárach. 6. Beidh, beidh mé ag dul ag
obair amárach. 7. Ní bheidh, ní bheidh mé ag dul
a luí anocht. 8. Níl, níl aon chárta bainc agam.

CEACHT A hAON
1. Run, we are late. 2. Drive slowly. 3. Open the door. 4. Come in. 5. Take your coat off. 6. You go first. 7. Sit by the table. 8. Eat all the food. 9. Bring the paper.

CEACHT A DÓ
1. Don't be long. 2. Don't go shopping. 3. Don't look at television. 4. Don't stand by the door. 5. Don't worry. 6. Don't spend too much. 7. Don't wear old clothes.

CEACHT A TRÍ
1. Miners went on strike. 2. A house went on fire. 3. The fire brigade came. 4. Ireland won the game this year. 5. England won last year. 6. Aodh ran to work. 7. The man slept late.

CEACHT A CEATHAIR
1. He started at seven o'clock. 2. Did you go to the game today? 3. Yes, I went to the game. 4. We went shopping in the town. 5. Did you drink all the beer? 6. We walked all the way. 7. We were there all day.

CEACHT A CÚIG
1. Did you buy clothes in the town? 2. No, I didn't have anything. 3. Did you have enough dinner? 4. Yes, but I didn't have pudding. 5. Did you see the film in the cinema? 6. No, I didn't see it. 7. Did you drink all the beer? 8. No, I didn't drink all the beer.

CEACHT A SÉ
1. Your food is ready—get up! 2. My potatoes are cold. 3. My cabbage is hard. 4. Your parsnips are black. 5. His dinner is getting cold. 6. Our children are little devils. 7. His spoon is dirty. 8. My dinner is on the table.

CEACHT A SEACHT
1. You have to sit in the car. 2. This car is for sale for five pounds. 3. My car was a good car. 4. I'm not selling it. 5. I want to buy it. 6. I haven't seen them before. 7. She has liked it a lot. 8. We sold them all.

CEACHT A hOCHT
1. I think you've got enough money. 2. He has heard that we are moving. 3. We are sure it's fine in Italy. 4. She suggests that we have furniture. 5. He says it's not a good hotel. 6. I am sure that I like Switzerland. 7. She has read that there is sun in Malta all day. 8. We thought that Valencia was warm.

CEACHT A NAOI
1. I think it will rain. 2. He thinks that he will win. 3. We hope that we will win. 4. They think that I will lose. 5. I'm sure that she'll come. 6. Perhaps they will come tonight. 7. I think the ball will be in the sand. 8. I have heard that he will go before long.

CEACHT A DEICH
1. I think that it has started raining. 2. I'm sure

that we've been here before. 3. I'm sure that we've walked very far. 4. I think that he's packed everything. 5. I think that I can see the summit. 6. I hope that you've remembered the beer. 7. He thought that we saw him there. 8. I don't think that we have walked five miles.

CEACHT A hAON DÉAG
1. I must go to this shop. 2. We must buy something for mam. 3. We'd better look ar the pottery. 4. It's time for you to have a new job. 5. It was time for us to have new furniture. 6. It would be better for him to buy a present. 7. Is it time for us to go home? 8. Had we better stay here?

CEACHT A DÓ DHÉAG
1. I'm going before the shop closes. 2. Are we going home before having dinner? 3. He was here before you came. 4. We shall go after they leave. 5. I shall arrive after eight o'clock. 6. Come here before we finish tea. 7. She buys food before coming here. 8. Do you have dinner after arriving home?

CEACHT A TRÍ DÉAG
1. Which programme is on TV tonight? 2. What kind of film is in the cinema? 3. What's on the radio at eight o'clock? 4. Who's acting in the film? 5. Is it an Irish play that's at six? 6. No, an English play, of course. 7. When is the news? 8. At ten o'clock.

CEACHT A CEATHAIR DÉAG
1. This is the farm that's in the book. 2. This is a map that shows the hotel. 3. I see the man who was here yesterday. 4. Where is the car that I saw last night? 5. Do you know the woman who has gone? 6. This is the cafe that makes good food. 7. Where's the mountain that's on the map? 8. Where's the money that was on the table?

CEACHT A CÚIG DÉAG
1. Camping is better than staying home. 2. Our tent was smaller than the others. 3. The country was more beautiful than the town. 4. The weather is drier in the summer. 5. Your car was the best. 6. The sea was as blue as the sky. 7. The camp was further than ten miles. 8. The tent was as warm as an igloo.

CEACHT A SÉ DÉAG
1. The door has been painted well. 2. The food has all been eaten. 3. The beer hasn't been drunk. 4. I haven't been seen. 5. She is being kissed. 6. They were being filled by the food. 7. You are carried in the car. 8. He has not been paid for the work.

Foclóir GAEILGE-BÉARLA

This contains all the words in Irish is Fun and 250 new ones.

ABBREVIATIONS

adj.—adjective; **adv.**—adverb; **b.**—baininscneach *(feminine)*; **n.**—noun; **pl.**—plural; plural of nouns is put in brackets, e.g. **áit (b.**—*eanna)*—place: places—**áiteanna; s.o.**—someone; **s.t.**—something; **v.**—verb.

A

a—used to address s.o.:
  a Sheáin—Seán
a—who, which, that
a—*her (prefixes h to vowels)*
  a háit—her place
a—his *(with* séimhiú*)*
  a chóta—his coat
a—their *(with* urú*)*
  a gcótaí—their coats
abair—say
  abair le—tell
  deir—says
  dúirt—said
  déarfaidh—will say
abhaile—home*(wards)* see *baile*
abhainn (b. aibhneacha)—river
ach—but
  níl ach fiche punt sa seic—the
  cheque is only 20 pounds
ádh—luck
  tá an t-ádh leat—you are lucky
  ádh mór—good luck/goodbye
adhairt (b.-eanna)—pillow
adhmad (-aid)—wood
ag—prefix to verbal nouns
  (-ing) ag ól—drinking
ag: tá... agam—I have...
aghaidh (b.-eanna)—face
  ar aghaidh—forwards
  in aghaidh—against, to
agus—and
  agus mar sin de—and so on
aimsir (b.-í)—weather
ainmhí (-ithe)—animal
aintín (b.-í)—aunt
aire (-rí)—minister, care
  tabhair aire!—take care

airgead (-gid)—money
aisteoir (-í)—actor
aisteoireacht b.—acting
aistrigh—translate
  ag aistriú—translating
áit (b.-eanna)—place
áitiúil—local
aithin—recognise
  ag aithint—recognising
aithne b.: tá aithne agam
  ar...—I know *(a person)*
álainn—beautiful
  níos áille—more beautiful
Alba b.—Scotland
am (-anna)—time
  Cén t-am é?—What time is it?
amach—out *(moving)*
amadán (-áin)—fool
  a amadáin—you fool
amárach—tomorrow
amháin: fear amháin—one man
amhrán (-áin)—song
  Amhrán na bhFiann—Soldiers'
  Song
amhránaí (-aithe)—singer
amhras (-ais)—doubt
  gan amhras—of course
an—the
an- —very (+ séimhiú)
  an-mhaith—very good
an—per, each
  punt an duine—a punt per
  person
an bhfuil tú—are you?
anall—from yonder
aniar—from the west, from behind
aníos—from below
anlann (b.-a)—sauce

ann—there/in him/in it
  fear mór atá ann—he is a big man
anocht—tonight
anois—now
anraith (-í)—soup
anseo—here
ansin—then/there
anuas—from above
anuraidh—last year
aoire (-rí)—shepherd
aois (-eanna)—age
aon—one/any
  a haon—(number) one
  a haon déag—eleven
aontaigh—agree (ag aontú)
ar—on, for
  ar ais—back; ar chlé—to the left; ar chúl—behind; ar dheis—to the right; ar fad—all; ar leith—special; ar meisce—drunk
ár—our (+ urú)
arán (-áin)—bread
  builín aráin—loaf of bread
  arán tíortha—toast
ard—high, tall
ardán (-áin)—platform
aréir—last night
arís—again
arsa—says; ar sí—says she
as—out of
asal (-ail)—donkey
  teach an asail—toilet
athair (aithreacha)—father
athraigh—change (ag athrú)
athrú (-ruithe)—a change

B

ba—past/conditional of **is** (see)
babhla (-í)—bowl
bacach—lame
bád (báid)—boat
baile (-lte)—home
  abhaile—home (wards); sa bhaile—at home
baile (-lte)—town (land)
  baile mór—town
bailigh—collect (ag bailiú)
bain díot (díbh)!—take off (pl.)!
  bain díot do chóta!—take off your coat!
bainisteoir (-í)—manager
bainne (-ní)—milk
bairille (-lí)—barrell
báisteach b.—rain
  ag cur báistí—raining
balla (-í)—wall
bán—white
banaltra (b.-í)—nurse
banana (-í)—banana
banc (bainc)—bank
barr (-a)—top
barraíocht b.—too much
beag—small
  níos lú—smaller, less
beagán (-áin)—a little
béal (béil)—mouth
bean (b. mná)—woman
  Bean Uí Shé—Mrs Ó Sé
  do bhean (chéile)—your wife
  bean an tí—woman of the house
beár (-áir)—bar
Béarla—English language
bearr—shave
  ag bearradh—shaving
  bearrtha—shaved
beatha (b. -í)—life
beidh—will be, see bí
béile (-lí)—meal
beir ar—catch (ag breith)
beirigh—boil (ag beiriú)
  beirithe—boiled

beo—alive
beoir (b. -oracha)—beer
b'fhéidir—maybe
bhur—your (pl.) + urú
bí—be
  tá—is/are; níl—is/are not; an bhfuil?—is? bhí—was; ní raibh—was not; beidh—will be; bheith—being; bíonn—is (habitually)
  tá orm. . .—I must. . .
  tá. . . uaim—I want. . .
bia (-nna)—food
biachlár (-áir)—menu
bicíní (-nithe)—bikini
bille (-í)—bill
bíonn—is (habitually), see bí
bith: ar bith—any
blaincéad (-éid)—blanket
blas (-anna)—taste, accent
  blasta—tasty
bláth (-anna)—flower
bliain (b. -anta)—year
  i mbliana—this year
  trí bliana—three years
blús (-anna)—blouse
bó (b. ba)—cow
bocht—poor
bod (boid)—penis
bodach (-aigh)—lout
  bodach mór—bigwig
bog—move (ag bogadh)
bog—soft
  bog-earraí—software
bolg (boilg)—belly
  bolg le gréin—sun-bathing
bomaite (-í)—minute
bonn (boinn)—tyre, sole
bonn (boinn)—coin, medal
bord (boird)—table
bosca (-í)—box
bothán (-áin)—hut
bóthar (bóithre)—road
  bóthar mór—main road
brabús (úis)—profit

bradán (-áin)—salmon
braith—feel (ag brath)
braon (-ta)—a drop
brat (-ait) urláir—carpet
breá—fine
breac (bric)—trout
Breatain (b.) Bheag, an—Wales
bréidín (-í)—tweed
breoite—ill
bricfeasta (-í)—breakfast
briogáid (b.-í) dóiteáin—fire brigade
briosca (-í)—biscuit
bris—break (ag briseadh)
  briste—broken
briseadh—change
bríste (-tí)—trousers
brístín (-í)—knickers
bróg (b. -a)—shoe
brón—sorrow
  tá brón orm—I'm sorry
  mo bhrón—alas
  brónach—sad
brostaigh ort!—hurry up!
  ag brostú—hurrying
bruscar—rubbish
buaigh—win (ag buachan)
buail—hit (ag bualadh)
buatais (b. -í)—boot
buí—yellow
buidéal (-éil)—bottle
builín (-í)—loaf
buíochas le Dia—thank God
búistéir—butcher
bus (-anna)—bus

C

cá?—where? (+ urú)
  cá bhfuil?—where is?
cabáiste (-tí)—cabbage
cabhraigh le—help (ag cabhrú)
cad?—what?
  cad é sin?—what's that?
  cad as duit—where are you from?

cad faoi. . .—what about. . .
cad é mar?—how?
caife (-fí)—café/coffee
cailín (-í)—girl
caill—lose (ag cailliúint)
cailleach (b.-a)—hag
caint (b.-eanna)—talk
cairde—friends, see **cara**
ar cairde—on credit
cáis (b.-eanna)—cheese
caisleán (-áin)—castle
caith—spend, wear, throw (ag
caitheamh)
cam-bent
campa (í)—camp
campáil b.—camping
can—sing (ag canadh)
canna (-í)—tin/can
caoga (-idí)—fifty
ag caoineadh—crying
caol—narrow
caora (b. caoirigh)—sheep
capall (-aill)—horse
cara (cairde)—friend
carr (-anna)—car
carraig (b.-eacha)—rock
cárta (-í)—card
cás (-anna)—case
casóg (b.-a)—jacket
cat (cait)—cat
cathain?—when?
cathair (b.-thracha)—city
cathaoir (b.-eacha)—chair
cé—although
cé?—who?
cé sin?—who's that?
cé mhéad?—how much/many?
cé mhéad atá ar. . .?—how
much is. . .?
ceacht (-anna)—lesson
ceann (cinn)—head/one
ceann amháin—one; dhá
cheann—two; punt an
ceann—a pound each; go
ceann seachtaine—for a week; i

gceann seachtaine—in a
week; os cionn—above
céanna—same
mar an gcéanna—the same
ceannadhairt (b. -eanna)—pillow
ceannaigh—buy (ag ceannach)
ceantar (-air)—area
ceapaire (-rí)—sandwich
cearr—wrong
ceart—right/correct
ceart go leor—all right
ceart (-a)—a right
i gceart—OK, in order
a ceathair—(number) four
ceathrú (b. -na)—quarter, thigh
Ceilteach—Celtic
céim (b. -eanna)—step, degree
ceird (b. -eanna)—craft
ceirnín (-í)—record
ceirtlís (b. -í)—cider
ceist (b. -eanna)—question
ceithre—four (+ séimhiú)
cén t-am?—what time?
cén uair?—when?
ceo (-nna)—fog
ceobhrán (-áin)—mist
ceol (-ta)—music
ceolchoirm (b. -eacha)—concert
an chéad—first (+ séimhiú)
an chéad. . . eile—next
cheana—before (hand)
chomh. . . le—as. . . as
chuaigh—went, see **téigh**
chuig—to
chun—to, in order to
ciarsúr (-úir)—handkershief
ciceáil—kick (ag ciceáil)
cinneadh (-nntí)—decision
cinnte—certain, certainly
cíoch (b. -a)—breast
cíochbheart (-a)—bra
ciseán (-áin)—basket
císte (-tí)—cake
cistin (b. -eacha)—kitchen
ciúin—quiet

clann (b. -a)—children (in family)
clár (-acha)—programme
ar chlé—to the left
cleith (b. -eanna)—pole
cloch (b. -a)—stone
clog (-oig)—clock
a chlog—o'clock
uair an chloig—hour
clois—hear (ag cloisteáil)
chuala—heard
cluas (b. -a)—ear
club (-anna)—club
cluiche (-chí)—match
cnoc (cnoic)—hill
ag cócaireacht—cooking
cócaireán (-áin)—cooker
codail—sleep (ina codladh)
cófra (-í)—cupboard
coileach (-ligh)—cock
coill (b. -te)—wood
coimeád—keep (ag coimeád)
coimeádaí (-aithe)—keeper
coinne: i gcoinne—against
coinneall (b. -nnle)—candle
cóip (-eanna)—copy
cóir—just, righteous
ba chóir dom—I should
coirnéal (éil)—corner
cois—beside
cois farraige—to/at the seaside
comhair—count (ag
comhaireamh)
comhlacht (-aí)—company
comhrá (-ite)—conversation
cónaí: tá sí ina cónaí i. . .—she's
living in. . .
i gcónaí—always, still
bíonn sí ann i gcónaí—she's
always there; tá sí ann i
gcónaí—she's still there
Conradh na Gaeilge—Gaelic
League
contae (-tha)—county
corp (coirp)—body
cos (b. -a)—leg, foot

cosán (-áin)—path
coscán (-áin)—a brake
cóta (-í)—coat
cóta mór—overcoat
craiceann (-cinn)—skin
crann (-ainn)—tree
cré (b. -anna)—clay
créacht (b. -aí)—wound
creaic b.—crack, good company
creid—believe (ag creidiúint)
críochnaigh—finish (ag críochnú)
cró na mbó—cowshed
croí (-the)—heart
a chroí—my dear
croith—shake (ag croitheadh)
cromleac (b. -a)—cromlech
cros (b. -anna)—cross
crua—hard
crúigh—to milk (ag crú)
crúiscín (-í)—jug
crúb (b. -a)—claw, hoof
cruinniú (-ithe)—a meeting
cuid (b. codanna)—share/portion
an-chuid/cuid mhaith—a lot
a chuid—my dear
mo chuid airgid—my money
cúig—five (+ séimhiú)
cuimhnigh ar—remember (ag
cuimhneamh)
cúinne (-ní)—corner
cuir—put
ag cur—putting, raining
ag cur suas—putting up
cuireadh (-rí)—invitation
cúirt (b. -eanna)—court
cuirtín (-í)—curtain
cúis (b. -eanna)—cause
dea-chúis—good cause
cuisneoir (í)—fridge
ar chúl—behind
culaith (b. cultacha)—suit (of
clothes)
cuma (b. -í)—shape
tá cuma mhaith uirthi—she
looks well
cuma: is cuma—it doesn't matter

99

is cuma liom—I don't care
cumhrán (-áin)—perfume
cupán (-áin)—cup
cúpla (-í)—couple, twins
cur (-anna)—a round
cúr—froth
custaiméir (-í)—customer

D

dá—if (+ urú)
daichead (-chidí)—forty
dáiríre—really, in earnest
daite—coloured
dála an scéil—by the way
damanta—damned
damhsa (-í)—dance
  ag damhsa—dancing
daoine—people, see **duine**
daor—dear/expensive
dar Dia!—by God!
dar liom—I think
dara—second
dath(-anna)—colour
de—of, off, from (+ séimhiú)
deacair—difficult
  níos deacra—more difficult
déaga—teens
déan—do, make
  dhein—did, made
  ag déanamh—doing, making
déanach—late
  níos déanaí—later
dearg—red
dearmad—forget
deartháir (-eacha)—brother
deas—nice
deich—ten (+ urú)
deir—says, see **abair**
deireadh (-rí)—end
  faoi dheireadh—at last
deirfiúr (-acha)—sister
deoch (b. -anna)—a drink
dhá—two (+ séimhiú)
  a dó—(number) two
  a dó dhéag—twelve

faoi dhó—twice
Dia (déithe)—God
  Dia dhuit—Hello; answer—Dia
  is Muire dhuit
  buíochas le Dia—thank God
  dar Dia!—by God!
diabhal (-ail)—devil
  a dhiabhail!—hell!
dinnéar (-éir)—dinner
díol—sell
  ar díol—for sale
go díreach—exactly, indeed
do—to, for
  don—to the, for the
do—your (+ séimhiú)
a dó—(number) two
dóigh—burn (ag dó)
dóigh (b. -eanna)—opinion
  is dóigh liom—I think
domhan—world
donn—brown
doras (doirse)—door
dráma (-í)—a play
dreap—climb (ag dreapadh)
droch- —bad (+ séimhiú)
  drochrath air!—damn!
  ar an drochuair—unfortunately
droichead (-chid)—bridge
dúbailt (í)—a double
  dúbailte—double
dubh—black
duine (daoine)—person
  duine éigin—somebody
dúisigh—wake (ag dúiseacht)
ag dul—going, see **téigh**
  dul siar—revision
dún (-ta)—fort
dún—close (ag dúnadh)
  dúnta—closed
  dún do chlab!—shut up!

E

é—he, it
ea: is ea—yes; ní hea—no
éadaí—clothes (sing.éadach)

éadrom—light
eaglais (b. -í)—church
éan (éin)—bird
earra (-í)—a good
earrach (-aigh)—spring
éasca—easy
éigin—some
  duine éigin—somebody
  rud éigin—something
eile—other
  pionta eile—another pint
Eilvéis b., an—Switzerland
Éire b.—Ireland
  in Éirinn—in Ireland
éirigh—get up (ag éirí)
  ag éirí fuar—getting cold
eisean—emphatic form of **é**
éist—listen (ag éisteacht)
eitil—to fly (ag eitilt)
eitleán (-áin)—aeroplane
Eoraip b., an—Europe

F

fada—long
  i bhfad—far, long (of time)
fág—leave (ag fágáil)
  ná fágsa—don't you leave
faic—nothing
faigh—get, find
  fuair—got, found
  gheobhaidh—will get, find
  ní bhfaighidh—will not get, find
  ag fáil—getting, finding
fáilte (b. -tí)—welcome
  fáilte Uí Cheallaigh—generous
  welcome
fáinne (-ní)—ring
fál (-ta)—hedge
falsóir (-í)—lazybones
fan—wait, stay (ag fanacht)
  fan nóiméad—wait a minute
faoi—under, about (+ séimhiú)
farraige (b. -gí)—sea
fás—grow (ag fás)
fáth (-anna)—reason
  cén fáth?—why?

féach ar —look (ag féachaint)
ní fheadar—I wonder, I don't know
fear (fir)—man
  fear an tí—man of the house
  d'fhear—your husband
féar (-a)—grass
is fearr—better, best
  is fearr liom—I prefer
  b'fhearr liom—I'd prefer
  b'fhearr—would be/was better
féasóg (b. -a)—beard
feic—see (ag feiceáil)
  chonaic—saw
  ní fhaca—didn't see
is féidir liom—I can
féilire (-rí)—calendar
féin—self/own
  do mo ní féin—washing myself
  mé féin—myself
  mo chóta féin—my own coat
féirín (-í)—gift
feirm (b. eacha)—farm
feirmeoir (-í)—farmer
feoil (b. -olta)—meat
fiacail (b. -cla)—tooth
fiche (-chidí)—twenty
file (-lí)—poet
fill—return (ag filleadh)
fíneáil (b. -álacha)—a fine
fíon (-ta)—wine
fíonchaor (-a)—grape
fíor—true
fios—knowledge
  níl a fhios agam—I don't
  know; tá's agam—I know
fir—men, see **fear**
fleá (b. -nna)—party
fliuch—wet, rainy
fobhríste (-tí)—underpants
focal (-ail)—word
fochupán (-áin)—saucer
foclóir (-í)—vocabulary
foghúna (-í)—petticoat
go fóill—yet, still
  fan go fóill—wait a little

foirgneamh (nimh)—building
folamh—empty
folcadán (-áin)—bath-tub
folcadh (-cthaí)—bath
fómhar (-air)—autumn
fonn (-oinn)—tune, mood
forc (-oirc)—fork
fós—yet, still
fosta—also
fothain b.—shelter
fothrach (-aigh)—ruin
freagair—to answer (ag freagairt)
freagra (-í)—answer
freisin—also
fuaim (b. -eanna)—sound
fuar—cold
fuaraigh—to cool (ag fuarú)
fuath—hatred
  is fuath liom—I hate
fuinneog (b. -a)—window

G

gabh mo leithscéal—excuse me, pardon me
gach—every
  gach aon rud—everything
Gaeilge b.—Irish
  An bhfuil Gaeilge agat?—Do you speak Irish?
  An Ghaeilge abú!—Irish forever!
Gael (-eil)—Irishwoman/Irishman
Gaelach—Irish (adj.)
gaineamh—sand
gáire (-rí)—laugh
galar (-air)—disease
galún (-úin)—gallon
gallúnach (b. -a)—soap
gan—without
  abair léi gan teacht—tell her not to come
gaoth (b. -a)—wind
garáiste (-tí)—garage
garda (-í)—guard
gariníon (b. -acha)—grand-daughter
garmhac (-mhic)—grandson

gasta—quick
gealach (b. -a)—moon
geall—promise (ag geallúint)
gearr—short
gearr—cut (ag gearradh)
geata (-í)—gate
geimhreadh (-rí)—winter
gheobhaidh—will get, see **faigh**
giar (-anna)—gear
giolla (í)—porter, youth
giúistís (-í)—magistrate
glac le—accept (ag glacadh)
glaoigh—call (ag glaoch)
gleann (-ta)—valley
gléas—to dress (ag gléasadh)
  gléasta—dressed
gleo (-nna)—noise
  gleoch—noisy
gloine (b. -ní)—glass
gnéas (-anna)—sex
gnó (-nna)—business
  gnóthach—busy
go (adverbial prefix)
  go maith—well
go/go dtí—to
go (in phrases):
  go beo—quickly; go díreach—exactly; go fóill—still/yet; go léir—all; go leor—enough; go minic—often
go raibh maith agat—thank you
go—that (+ urú)
  deir sí go dtiocfaidh sí—she says that she'll come
gorm—blue
grá—love; a ghrá!—love!
  i ngrá—in love
gránna—ugly, nasty
graosta—dirty/lewd
Gréig b., an—Greece
gréithe (pl.)—dishes, crockery
grian (b. -ta)—sun
gruaig b.—hair
gual—coal
gúna (-í)—a dress
gur—that (past, +séimhiú)

  measaim gur phacáil sé—I think that he has packed
gur—see **is**
guth (-anna)—voice
  guthán—phone

H

halla (-í)—hall
hata (-í)—hat

I

i—in (+ urú); **in** before vowels
  inti—in her: cailín álainn atá inti—she's a lovely girl
í—she, it
i gcónaí—always, still
iad—they (emphatic: iadsan)
iarann (-ainn)—iron
iarsmalann (b. -a)—museum
iasc (éisc)—fish
idir—between
im (-eanna)—butter
imigh—go away (ag imeacht)
  imigh leat!—off with you!
  imithe—gone
imir—to play (ag imirt)
  imreoir (-í)—player
imní b.—anxiety
  ná bíodh imní ort—don't worry
in aice—near
iníon (b. -acha)—daughter
inné—yesterday
inniu—today
inneall (-nill)—machine
íoc as—pay for (ag íoc)
Iodáil, b., an—Italy
íoglú (-nna)—igloo
an iomad—too much
ag iomáint—hurling
iontach—wonderful
  iontach maith—very good
iris (b. -í)—magazine
is/agus—and
is—is

is fear é—he's a man
ní hiasc frog—a frog is not a fish
ba mhúinteoir í—she was a teacher
níor mhasla é—it was not an insult
deir sí gur múinteoir í—she says that she's a teacher
ise—emphatic form of **í** (she)
isteach—in (going)
istigh—in (inside)
ith—eat (ag ithe)
  íosfaidh—will eat
Iúil—July

L

lá (laethanta)—day
labhair—speak (ag labhairt)
lag—weak
láidir—strong
lámh (b. -a)—hand, arm
lampa (-í)—lamp
lán—full
lao (-nna)—calf
  a lao—my dear
lár (láir)—middle
le—with; le do thoil—please
  le míle bliain—for a thousand years (past)
leaba (b. -apacha)—bed
leabhar (-air)—book
leabharlann (b. -a)—library
leanbh (-naí)—baby
léarscáil (b. eanna)—map
leath (-a)—half
leathan—wide
leictreach—electric
léigh—read (ag léamh)
léim—jump (ag léim)
léine (b. nte)—shirt
leite b.—porridge
leithreas (-ris)—toilet
leithscéal (-ta)—excuse
leon (-oin)—lion
liath—grey
liathróid (b. -í)—ball

líon—fill (ag líonadh)
líonta—filled
litir (b. -treacha)—letter
loch (-a)—lake
lóistín (-í)—B & B
lón (-ta)—lunch
long (b. -a)—ship
lorg—look for (ag lorg)
lú: níos lú—less
luach (-anna)—value
luaithreadán (-áin)—ashtray
luath—early
luí: ina luí—in bed *(he, she, they)*
dul a luí—to go to bed
Lúnasa—August

M

má—if (+ séimhiú)
mac (mic)—son
Mac Uí Shé—Mr Ó Sé
madra (-í)—dog
magairle (-lí)—testicle
magairlí!—balls!
maidin (b. -eacha)—morning
ar maidin—in the morning/this
morning
mairteoil (b. -olta)—beef
maith—good
is maith liom—I like
ba mhaith liom—I'd like
maith go leor—all right/merry!
níos fearr—better
mála (b. í)—bag
mála codlata—sleeping bag
mall—slow
mar—as, because
mar an gcéanna—the same
mar sin—then *(therefore)*
marbh—dead
margadh (-aí)—market
maróg (b. -a)—pudding
masla (-í)—insult
máthair (b. máithreacha)—mother
meabhair (b. -bhracha)—mind
as mo mheabhair—mad
meacan (-ain) bán—parsnip

meacan dearg—carrot
meall—attract (ag meallladh)
meán oíche—midnight
mear—fast, spirited
méar (b. -a)—finger
meas—think (ag meas)
measartha—fairly
Meitheamh—June
mí (b. -onna)—month
mian (b. mianta)—wish
is mian liom—I wish
mianadóir (-í)—miner
mil b.—honey
míle (-lte)—thousand
míle slí—mile
milis—sweet
milliún (-úin)—million
minic—often
níos minicí—more often
mion- —little (+ séimhiú)
miongháire (-rí)—smile
mise—I (emphatic)
mná—women, see **bean**
mo—my (+ séimhiú)
mol—suggest (ag moladh)
monarcha (b. -na)—factory
mór—big
níos mó—bigger/any more
ní mór dom—I must
mórán—a lot
muc (b. -a)—pig
mucmhás (-a)—ham
múch—quench, turn off (ag
múchadh)
muiceoil (b. -olta)—pork
muineál (-áil)—neck
múinteoir (-í)—teacher
muintir (b. -eacha)—people
mullach (-aigh)—summit
mura—unless, if not (+ urú)
mustraí (-aithe)—snob

N

na—the (pl.)
ná. . .!—don't. . .!
náire b.—shame
náisiúnta—national

naoi—nine (+ urú)
neamhní (-nithe)—nothing, nil
ní—1. forms negative (+ séimhiú,
níor in past)
2. negative of **is** (+ **h** before
vowel)
ní hea—no
nigh—wash (ag ní)
níl—negative of **tá**
nó—or
nócha—ninety
nocht—naked
nóiméad (-éid)—minute
nua—new
nuacht b.—news
nuachtán (-áin)—newspaper
nuair—when

O

ó—from (+ séimhiú)
tá. . .uaim—I want. . .
ó shin—ago
obair (b. oibreacha)—work
ag obair—working
ocht—eight (+ urú)
ochtó (-idí)—eighty
ocras—hunger
tá ocras orm—I'm hungry
oibrí (-rithe)—worker
oíche (b. -cheanta)—night
oíche mhaith—good night
oifig (b. -í)—office
Oifig an Phoist—Post Office
oighear (-ir)—ice
oileán (-áin)—island
oir do—to suit (ag oiriúint)
ól—to drink (ag ól)
ól siar é—drink it down!
ólta—drunk
ola (b. -í)—oil
olann (b.-a)—wool
olc—bad; níos measa—worse
ollmhór—huge
oráiste (-tí)—orange
oscail—open (ag oscailt)
ar oscailt—open (adj.)
óstán (-áin)—hotel

P

pacáil—pack (ag pacáil)
páipéar (-éir)—paper
páirc (b. -eanna)—field
páirceáil—to park (ag páirceáil)
páirtí (-tithe)—party
páiste (-tí)—child
peil b.—gaelic football
péinteáil—paint (ag péinteáil)
pian (b. -ta)—pain
pictiúr (-úir)—picture
pictiúrlann (b. -a)—cinema
pingin (b.-í)—penny
piobar (air)—pepper
pionta (-í)—pint
píopa (-í)—pipe
pirimid (b. -a)—pyramid
pis (b. -eanna)—pea
pit (b. -eanna)—vulva
piteog (b. -a)—effeminate man
plámás—flattery
pláta (-í)—plate
plocóid (b. -í)—plug
plúr (-úir)—flour
pobal (-ail)—people
póca (-í)—pocket
póg—kiss (ag pógadh)
poiblí—public
poll (poill)—hole
portán (-áin)—crab
pós—marry (ag pósadh)
pósadh (-staí)—wedding
post (-anna)—job
pótaire (rí)—drunkard
praghas (-anna)—price
práta (-í)—potato
puball (-aill)—tent
punt (puint)—pound/punt
púróg (b. -a)—pebble
putóg (b. -a)dhubh—black pudding

R

rachaidh—will go, see **téigh**
radharc (-airc)—a view
raidió (-nna)—radio
rámhainn (b. -í)—spade
ramhar—fat
rath (-anna)—prosperity

réamhaisnéis (b. -í)—forecast
réidh—ready
reithe (-thí)—ram
reoigh—freeze (ag reo)
  reoite—frozen
riamh—ever, never
rith—run (ag rith)
ró- —too (+ séimhiú)
roimh—before (+ séimhiú)
Róimh b., an—Rome
ronnach (-aigh)—mackerel
rós (-anna)—rose
roth (-aí)—wheel
  rothaí (-aithe)—cyclist
  ag rothaíocht—cycling
  rothar (-air)—bicycle
rud (-aí)—thing
  aon rud/rud ar bith—anything
  rud éigin—something
rúnaí (-aithe)—secretary

S

sa—in the (+ séimhiú), **san** with
  vowels
saghas (-anna)—a kind
saibhir—rich
salach—dirty
salann (-ainn)—salt
samhradh (-aí)—summer
saoire b.—holidays
saoirse b. —freedom
saol (-ta)—life
saor—cheap, free
saor-reic b. -eanna)—sale
saothar (-air)—labour
sármhaith—excellent
Sasana—England
  Sasanach—Englishman
sásta—satisfied, pleased
Satharn (-airn)—Saturday
scadán (-áin)—herring
scamall (-aill)—cloud
scannán (-áin)—film
scáthán (-áin)—mirror
scéal (-ta)—story
scian (b. sceana)—knife

sciorta (-í)—skirt
scoil (b. -eanna)—school
scornach (b. -a)—throat
scríobh—write (ag scríobh)
sé—he, it
sé—six (+ séimhiú)
seacht—seven (+ urú)
seachtain (b. -í)—week
  sa tseachtain—per week
seachtó (-idí)—seventy
seal (-anna)—turn
  do shealsa—your turn
sean- —old (+ séimhiú)
seanathair (-aithreacha)—grand-
  father
seanmháthair (b. -áithreacha)—
  grandmother
searrach (-aigh)—foal
seas—stand (ina seasamh)
seasca (-idí)—sixty
seastán (áin)—a stand
seic (-eanna)—cheque
seilf (b. -eanna)—shelf
seilide (-dí)—snail
séimh—soft, gentle
séimhiú—aspiration, softening
seisean—emphatic form of **sé** (he)
seo—this, these
  na stampaí seo—these stamps
  an cailín seo—this girl
seo—here is
  seo duit—here you are
seo caite—last
seo chugainn—next
seol (-ta)—sail
seol—to sail (ag seoladh)
seomra (-í)—room
  seomra codlata—bedroom
  seomra cónaí—living-room
  seomra folctha—bathroom
sí—she, it; emphatic: sise
siad—they; emphatic: siadsan
siar—west (wards), back (going)
sibh—you (pl.), emphatic: sibhse
sicín (-í)—chicken

síleáil (b. -álacha)—ceiling
sin—that/those
sin—that is/there is
singil—single
sinn—we, emphatic: sinne
síocháin b.—peace
siopa (-í)—shop
  siopadóir (-í)—shopkeeper
  siopadóireacht b.—shopping
síos—down (moving)
siúcra (-í)—sugar
siúil—walk (ag siúl)
  Cad atá ar siúl?—What's on?
sladmhargadh (-gaí)—bargain
slaghdán (-áin)—a cold
sláinte b.—health
slán—good-bye
slat (b. -a)—rod, penis
sléibhteoireacht b.—
  mountaineering
slí (-ite)—way
sliabh (sléibhte)—mountain
slinn (b. -te)—slate
sna—in the (pl.)
snámh—swim (ag snámh)
sneachta—snow
  ag cur sneachta—snowing
socraigh—fix (ag socrú)
solas (soilse)—light
sona—happy
spéaclaí—spectacles
spéir (b. spéartha)—sky
spúnóg (b. -a)—spoon
sráid (b. -eanna)—street
  sa tsráid—in the street
sroich—reach (ag sroicheadh)
srón (b. -a)—nose
stad—stop (ag stad)
stailc (b. -eanna)—strike
stáisiún (-úin)—station
stampa (-í)—stamp
stoca (-í)—sock
stól (-ta)—stool
a stór!—love!
suan—sleep

suas—up (moving)
subh (b. -a)—jam
suigh—sit (ina suí)
súil (b. -e)—eye
  tá súil agam—I hope
suimiúil—interesting
suíochán (-áin)—seat
sul i bhfad—before long
sula—before (+ urú)
súlach (-aigh)—gravy
súth (-a) talún—strawberry

T

tá—is, are; see **bí**
tábhacht b.—importance
tabhair—give, bring (ag tabhairt)
  thug—gave
  tabharfaidh—will give
  tabhair dom—give me
  tabhair leat—take away
tacsaí (-ithe)—taxi
taistil—travel (ag taisteal)
taispeáin—show (ag taispeáint)
taispeánaire (-rí)—flasher
tae (-nna)—tea
taitin le—to please
  thaitin sé liom—I enjoyed it
taitneamhach—enjoyable
talamh (tailte)—ground
tanaí—thin
taobh (-anna)—side
  taobh thiar de—behind
tar—come (ag teacht)
  tháinig—came
  tiocfaidh—will come
tar éis—after
tarbh (tairbh)—bull
  tarbh tána—ringleader
tarraing—pull (ag tarraingt)
tart—thirst
  tá tart orm—I'm thirsty
te—hot
teach (tithe)—house
  teach tábhairne—pub
  teach ósta—hotel
  teach an phobail—church

téad (-a)—rope
teaghlach (-aigh)—family
téanam—let's go, come on
teanga (b. -acha)—language
téarma (-í)—term
téigh—go (ag dul)
    chuaigh—went
    rachaidh—will go
teilifís b.—television
teolaí—warm
thar—over, past
thiar—in the west, behind (adv.)
thíos—below (adv.)
thú—you, emphatic: thusa
thuas—above (adv.)
tiarcais: a thiarcais—my
    goodness!
ticéad (-éid)—ticket
tine (b. -nte)—fire
    trí thine—on fire
Tiobraid b. Árann—Tipperary
tiomáin—drive (ag tiomáint)
tír (b. tíortha)—country
tírghrá—patriotism
tirim—dry
tit—fall (ag titim)
todóg (b. -a)—cigar
tóg—take, build (ag tógáil)
    tóg ceann—take one
toil (b. eanna)—will
tóin (b. -eanna)—bottom
toitín (-í)—cigarette
tolg (toilg)—sofa
    tolglann (b. -a)—lounge
tonn (b. -ta)—wave
torthaí—fruit (pl.)
tosaigh—start (ag tosú)
trá (b. -nna)—beach
trácht—traffic
traein (b. traenacha)—train
tráth na gceist—quiz
trealamh (-aimh)—equipment
tréimhse (b. -sí)—period
trí—through (+ séimhiú)
tríocha (-idí)—thirty

triomaigh—dry, wipe (ag triomú)
trom—heavy
troscán (-áin)—furniture
trua (b. -nna)—pity
tú—you; emphatic: tusa
faoin tuath—in the county
tuig—understand (ag tuiscint)
    ní thuigim thú—I don't under-
    tand you
tuilleadh—more
tuirse b.—tiredness
    tá tuirse orm—I'm tired
tuismitheoir (-í)—parent
túlán (-áin)—kettle
turas (-anna)—journey
    turasóir (-í)—tourist
turcaí (-aithe)—turkey

U

uachtar (-air)—top, cream
    uachtar reoite—ice-cream
uafásach—terrible
uaigneach—lonely
uaine—green
uaineoil (b. -olta)—lamb *(meat)*
uair (b. -eanta)—time, hour
    uair amháin—once
    uair an chloig—hour
    uaireanta—sometimes
    ar an drochuair—unfortunately
    uaireadóir (-í)—watch
uan (uain)—lamb
uasal—noble
    a bhean uasal—Madam
    a dhuine uasail—Sir
    a dhaoine uaisle—ladies &
    gentlemen
    An tUasal Ó Sé—Mr Ó Sé
ubh (b. uibheacha)—egg
Uí: Uí Mhurchú—of Ó Murchú
    Bean Uí Mhurchú—Mrs
    Ó Murchú
uimhir (b. -mhreacha)—number
úinéir (í)—owner
uirlis (b. -í)—tool

uisce (-cí)—water
    uisce beatha—whiskey
úll (-a)—apple
ullamh—ready
    ullmhaigh—prepare (ag ullmhú)
uncail (-í)—uncle
urlár (-áir)—floor
urú (-uithe)—eclipsis
úsáid—use (ag úsáid)

Foclóir BÉARLA~ GAEILGE

A

a—left out in Irish
able—1. ábalta; 2. is féidir le
above—os cionn
accept—glac le
ache—pian
across—trasna
acting—aisteoireacht
actor—aisteoir
address—seoladh
aeroplane—eitleán
after—tar éis
after all—tar éis an tsaoil
again—arís
age—aois
agree—aontaigh

alas—mo bhrón
all—gach aon, go léir
    all the time—an t-am go léir
    all the way—an tslí ar fad
    all right—ceart go leor
also—freisin, fosta, leis
always—i gcónaí
and—agus, is
angry—feargach
animal—ainmhí
answer—freagra (n), freagair (v)
any—aon, ar bith
anybody—aon duine
any more—níos mó
anything—aon rud

apple—úll
apron—náprún
arm—lámh
at—ag, ar, cois; at 2 o'clock—ar a dó a chlog; at the table—ag an mbord; at Galway—i nGaillimh; at all—in aon chor; at last—faoi dheireadh; at the end—sa deireadh; at home—sa bhaile
attract—meall
aunt—aintín
autumn—fómhar
awake—dúisigh
away—imithe
awful—uafásach

B

baby—leanbh
back—droim, to go back—dul ar ais
bacon—bágún
bad—droch-, olc
bake—bácáil
bank—banc
bar—beár
bargain—sladmhargadh
basket—ciseán
be—bí
beach—trá
beautiful—álainn
because—mar
bed—leaba, go to bed—téigh a luí
beef—mairteoil
beer—beoir
before—roimh, sula; b. dinner—roimh an dinnéar; b. long—sul i bhfad; (I've seen him) b. -cheana
behind—ar chúl, taobh thiar de
believe—creid
bell—cloigín
belly—bolg

below—faoi, thíos (adv.)
bend—cas
bent—cam
beside—cois
best—is fearr; best bitter—an bheoir is fearr
better—níos fearr; to get better—dul i bhfeabhas, biseach ar
between—idir
big—mór; bigger—níos mó
bird—éan
black—dubh
blanket—blaincéad
blouse—blús
body—corp
boil—beirigh
bone—cnámh
book—leabhar
boot—buatais
bottle—buidéal
bowl—babhla
box—bosca
boy—buachaill
bra—cíochbheart
bread—arán
break—bris
breakfast—bricfeasta
breast—cíoch
bride—brídeach
bridegroom—grúm
bride—droichead
brigade—briogáid; fire brigade—briogáid dóiteáin
bring—tabhair
broad—leathan
brother—deartháir
brown—donn
bucket—buicéad
build—tóg
building—foirgneamh
burn—dóigh (v)
bus—bus
busy—gnóthach
but—ach

butcher—búistéir
butter—im
by—cois, le; by the table—cois an bhoird; by Liam Dall—le Liam Dall; pass by—téigh thar; by now—faoi seo; by God!—dar Dia!

C

cabbage—cabáiste
café—caife
cake—císte, cáca
calendar—féilire
call—glaoigh
camp—campa (n), campáil (v)
can—canna (n), is féidir le (v)
candle—coinneall
candle-stick—coinnleoir
car—carr
card—cárta; post card—cárta poist
care—aire; I don't care—is cuma liom
carrots—meacain dhearga
carry—beir le
case—cás
castle—caisleán
cat—cat
catch—beir ar (v)
cause—cúis; good cause—dea-chúis
celebrate—comóir
Celtic—Ceilteach
century—céad
ceremony—searmanas
chair—cathaoir
change—athraigh (v), athrú (n), briseadh (money)
chapel—séipéal
cheap—saor
cheese—cáis
chemist—poitigéir
cheque—seic

chicken—sicín
child—páiste
chill—slaghdán; I've got a chill—tá slaghdán orm
choose—roghnaigh
church—eaglais
cigarette—toitín
cinema—pictiúrlann
city—cathair
clean—glan
clear—soiléir, glan (v)
climb—dreap
clock—clog
close—dún; closed—dúnta
clothes—éadaí
cloud—scamall
coal—gual
coat—cóta; overcoat—cóta mór
cock—coileach
coffee—caife
cold—fuar, slaghdán (n); get colder—éirigh fuar
collect—bailigh
company—comhlacht
come—tar; come here—tar anseo
comfortable—compordach
contented—sásta
cooking—cócaireacht
corner—cúinne, coirnéal
correct—ceart
cost—costas, tá... ar (v)
cottage—teachín
count—comhair
country—tír
in the country (side)—faoin tuath
county—contae
court—cúirt (n), suirí (v)
couple—cúpla, lánúin
cow—bó
cowshed—cró na mbó
crack—creaic
craft—ceird

cream—uachtar
cross—cros (n), trasnaigh (v),
  feargach (adj.)
cry—goil, caoin
cup—cupán
cupboard—cófra
curtains—cuirtíní
customer—custaiméir
cut—gearr

D

damned—damanta
dance—damhsa (n & v)
dark—dorcha
dear—ionúin
dear (expensive)—daor
defeat—buaigh ar
devil—diabhal
difficult—deacair
dinner—dinnéar
dirt—salachar
dirty—salach
disease—galar
dish—mias
do—déan
dog—madra
don't—ná
door—doras
double—dúbailte
dozen—dosaen
drama—dráma
dress—gúna (n), gléas (v)
drink—ól (v), deoch (n)
drive—tiomáin
drop—braon (n), tit (v)
drunk—ar meisce, ólta
drunkard—meisceoir, pótaire
dry—tirim
dust—deannach

E

each—an ceann, gach

each is going—tá gach duine ag
  dul;   6p each—sé pingine an
  ceann, sé pingine an duine
  (person)
ear—cluas
early—luath
earth—cré, an Domhan
east—soir, anoir, oirthear
easy—éasca
eat—ith
egg—ubh
electricity—leictreachas
empty—folamh
end—deireadh
engaged—luaite
engine—inneall
England—Sasana
English (language)—Béarla
English—Sasanach (n & adj.)
enjoy—bain taitneamh as
enough—go leor; enough beer—
  go leor beorach
evening—tráthnóna;   good
evening—Dia dhaoibh;   this
  evening, tonight—anocht
everyone—gach aon duine
everything—gach aon rud
evil—olc
exactly—go díreach
excellent—sármhaith
except—ach amháin
excuse me—gabh mo leithscéal
expect—bí ag súil le
expensive—daor
eye—súil

F

face—aghaidh
factory—monarcha
fair—cothrom (adj.), aonach (n)
fairly well—go measartha
fall—tit
far—i bhfad

farm—feirm
farmer—feirmeoir
fast—gasta
fat—ramhar, saill (meat)
ear—eagla;   I'm afraid—tá eagla
  orm
feel—braith
fetch—faigh
few—cúpla
field—páirc
fill—líon
film—scannán
find—faigh
fine—breá (adj.), fíneáil (n)
finger—méar
finish—críochnaigh
fire—tine
first—an chéad, ar dtús (adv.)
fish—iasc (n), iascach (v)
flattery—plámás
floor—urlár
flow—snigh
flower—bláth
fly—cuileog (n), eitil (v)
fog—ceo
foggy—ceoch
fool—amadán, óinseach
foot—cos, troigh
for—do, i gcomhair
fork—forc
forest—foraois
fort—dún
fortnight—coicís
fortunate—ámhar
forwards—ar aghaidh
free—saor;   Ireland free—Éire
  shaor
freedom—saoirse
fresh—úr
fridge—cuisneoir
friend—cara
frock—gúna
from—ó
front—tosach;   in front of—os

comhair;   in the front—chun
  tosaigh
fruit—torthaí
fry—fríoch;   fried egg—ubh
  fhriochta
full—lán
fun—sult
furniture—troscán

G

gallon—galún
game—cluiche
garage—garáiste
garden—gort
garment—éadach
gas—gás
gate—geata
gear—giar
gents—fir
get—faigh;   get married—
  pós;   get off (clothes)—bain
  de;   get on (a bus)—téigh
  ar;   get up—éirigh
gift—féirín, bronntanas
girl—cailín
give—tabhair;   give a lift—tabhair
  síob
glad—áthas
glass—gloine
glasses—spéaclaí
glove—lámhainn
go—téigh;   go fo a walk—téigh ag
  siúl;   go away—imigh
God—Dia; thank God—buíochas
  le Dia;   by God—dar Dia
gone—imithe
gold—ór
good—maith
good-bye—slán
good luck—ádh mór
good night—oíche mhaith
got—ag;   I've got a book—tá

leabhar agam
grandfather—seanathair
grandmother—seanmháthair
grapes—fíonchaora
grass—féar
grate—gráta
great!—go seoigh!
  a great day—an-lá
green—uaine, glas
groom—grúm
grow—fás

H

hair—gruaig
  my hair—mo chuid gruaige
half—leath
hall—halla; town hall—halla an
  bhaile
hand—lámh
handkerchief—ciarsúr
happy—sona
hard—crua
harp—cláirseach
hasten—brostaigh
hat—hata
hate—is fuath le
have—tá. . . ag
he—sé, é
head—ceann
health—sláinte; good health—
  sláinte mhór
healthy—sláintiúil
hear—clois
heart—croí
heavy—trom
hedge—fál
hell—ifreann
hello—Dia dhuit; Answer—Dia is
  Muire dhuit
hellish—ifreannda
help—cabhair (n), cabhraigh le (v)

hen—cearc
here—anseo
herrings—scadáin
high—ard; higher—níos airde
hill—cnoc
hole—poll
holidays—saoire
home—baile; home rule—
  féinriail; go home—téigh
  abhaile; at home—sa bhaile
honey—mil
hope—dóchas (n), tá súil ag (v)
horse—capall
hospital—ospidéal
hot—te
hotel—óstán
hour—uair an chloig
house—teach
how?—conas?
hundred—céad
hurry—brostaigh
husband—fear (céile)

I

I—mé, mise
ice—oighear
idea—smaoineamh
if—má, dá
ill—breoite, tinn
illness—breoiteacht
important—tábhachtach
in—i; in the—sa (san with
  vowels); in the (pl.)—
  sna; inside—istigh; in the
  middle of—i lár; into the—
  isteach sa
indeed/surely—cinnte/go díreach
instrument—uirlis
interesting—suimiúil
invitation—cuireadh
invite—tabhair cuireadh
Ireland—Éire
Irish (language)—Gaeilge

Irish forever!—an Ghaeilge abú!
iron—iarann
island—oileán
it—sé, sí, é, í
Italy—an Iodáil

J

jacket—casóg
jail—príosún; jail for the
  language—príosún ar son na
  teanga
jam—subh
job—post
journey—turas (n), taistil (v)
jug—crúiscín
jump—léim

K

keep—coimeád
keeper—coimeádaí
kettle—túlán
kick—speach (n & v)
kind—lách (adj), saghas (n)
kiss—póg
kitchen—cistin
knickers—brístín
knife—scian
know—tá aithne agam ar (person);
  tá a fhios agam (fact)

L

ladies—mná, cailíní
lake—loch
lamb—uan
lame—bacach
lamp—lampa
land—tír, talamh
language—teanga
  no language, no country!—gan
  teanga, gan tír!
last—deireannach

late—déanach
laugh—gáir
lazybones—falsóir
lean—crom (v), feoil thrua (meat)
learn—foghlaim
least—. . . is lú
leave—fág
left—clé; to the left—ar chlé
letter—litir
library—leabharlann
lid—claibín
lie down—luigh
life—beatha, saol
light—solas (n), éadrom (adj)
like—is maith le (v), mar (as)
  I'd like—ba mhaith liom
list—liosta
a little—beagán
live—mair (v), beo (adj)
  living-room—seomra cónaí
loaf—builín
lonely—uaigneach
long—fada
look—féach ar; look after—
  tabhair aire do
lose—caill
a lot—a lán, an-chuid
love—grá (n), gráigh (v)
  in love with—i ngrá le
lovely—deas
low—íseal
luck—an t-ádh
lunch—lón

M

machine—inneall
mad—ar mire
magazine—iris
magistrate—giúistís
make—déan
man—fear
manager—bainisteoir

many—a lán
map—léarscáil
market—margadh
marry—pós
no matter—is cuma
meal—béile
meat—feoil
menu—biachlár
message—teachtaireacht
middle—lár
mile—míle slí
milk—bainne
minute—nóiméad
mirror—scáthán
miss—caill; miss the bus—caill
   an bus; I miss you—braithim
   uaim thú
mist—ceobhrán
misty—ceobhránach
mix—measc
mix-up—meascán
money—airgead
month—mí
moon—gealach
more—níos mó
morning—maidin
   good morning—Dia dhuit
most—an chuid is mó
mother—máthair
mountain—sliabh
mouth—béal
move—bog (v)
much—an-chuid; how much?—cé
   mhéad? too much—an iomad,
   barraíocht
museum—iarsmalann
must—tá ar; I must—tá orm
my—mo; my money—mo chuid
   airgid; my mother—mo
   mháthair

N

naked—nocht

name—ainm (n), ainmnigh (v)
narrow—caol
nasty—gránna
nation—náisiún
national—náisiúnta
nationalist—náisiúnaí (n)
naughty—dána
near—in aice
neck—muineál
next—an chéad. . . eile; next
   door. . .—. . .béal dorais
new—nua
news—nuacht
newspaper—nuachtán
nice—deas
night—oíche; good night—oíche
   mhaith; tonight—
   anocht; tomorrow night—oíche
   amárach; last night—aréir
no—ní hea, níl, etc.
noise—gleo
noisy—gleoch
north—tuaisceart, ó thuaidh,
   aduaidh
nose—srón
not—gan, ní; not at all—ní. . . in
   aon chor
nothing—dada, faic
now—anois
number—uimhir
nurse—banaltra (n), freastal ar (v)

O

o'clock—a chlog
of—ó
off—de
office—oifig
oil—ola
old—sean; older—níos sine
on—ar
once—uair amháin
one—a haon; one book—leabhar
   amháin; one (thing)—ceann

amháin; that one—an ceann sin
onions—oinniúin
only—amháin, gan ach
open—oscail (v), ar oscailt (adj)
or—nó
orange—oráiste
other—eile
our—ár
out—amach (going); outside—
   amuigh; out of—amach as
oven—sorn
over—thar, os cionn
overcoat—cóta mór
own—féin (adj), is le (v)

P

pack—pacáil
pain—pian
paint—péint (n), péinteáil (v)
pants—bríste
paper—páipéar
pardon me—gabh mo leithscéal
parents—tuismitheoirí
park—páirc (n), páirceáil (v)
Parliament—Oireachtas
parsnips—meacain bhána
party—fleá
pas—téigh thar, sín chuig
path—cosán; public footpath—
   cosán poiblí
pavement—pábháil
pay—íoc
peace—síocháin
peas—piseanna
pen—peann
penny—pingin
pepper—piobar
perfume—cumhrán
perhaps—b'fhéidir
person—duine
petticoat—foghúna
phone—fón (n), glaoigh ar (v)
picture—pictiúr

pig—muc
pillow—adhairt
pint—pionta
pipe—píopa
place—áit
plane—eitleán
plate—pláta
platform—ardán
play—imir (v), dráma (n)
please—le do thoil
pleased—sásta
plug—plocóid
pocket—póca
poet—file
pole—cleith
police—gardaí, póilíní
policeman—garda
poor—bocht
pop—pop
porridge—leite
portion—cuid
post—post; post office—oifig an
   phoist
potatoes—prátaí
pottery—cré-earraí
pound—punt
preach—tabhair seanmóir
preacher—seanmóirí
prefer—is fearr le; I prefer—is
   fearr liom; I'd prefer—b'fhearr
   liom
prepare—ullmhaigh
present—féirín
at present—faoi láthair
pretty—gleoite
price—praghas
priest—sagart
programme—clár
promise—geall (n & v)
proud—bródúil; I'm proud—tá
   bród orm
pub—teach tábhairne
public—poiblí
pudding—maróg;   black

pudding—putóg dhubh
pull—tarraing
put—cuir

Q

quarrel—troid
quarter—ceathrú
queen—banríon
question—ceist
queue—scuaine
quick—gasta, tapa
quiet—ciúin
quiz—tráth na gceist

R

radio—raidió
rain—báisteach (n), ag cur (v)
raise—cuir suas
ram—reithe
reach—sroich
read—léigh
ready—ullamh
receive—faigh
recognize—aithin
record—ceirnín (n)
recovery—biseach; I recovered—
    tháinig biseach orm
red—dearg, rua
remain—fan (v)
remember—cuimhnigh
rest—fuíollach (n); I rested—lig
    mé mo scíth
return—fill
rich—saibhir
right—ceart (correct)
    to the right—ar dheis
ring—fáinne
river—abhainn
road—bóthar
rock—carraig (n), luasc (v)
Rome—an Róimh
    Romans—Rómhánaigh

room—seomra
rope—téad
rose—rós
rubbish—bruscar
ruin—fothrach (n), mill (v)
run—rith

S

sad—brónach
sail—seol (v & n)
saint—naomh
sale—saor-reic; for sale—ar díol
salmon—bradán
salt—salann
same—céanna
    the same (way)—mar an
    gcéanna
sand—gaineamh
sandwich—ceapaire
satisfied—sásta
sauce—anlann
say—abair
school—scoil
score—scór (n), scóráil (v)
screen—scáileán
sea—farraige
seat—suíochán
second—meandar (n), dara (adj)
secretary—rúnaí
see—feic
self—féin
sell—díol
send—cuir chuig
sermon—seanmóir
set—cur, seit
shave—bearr
she—sí, í
sheep—caora
shelf—seilf
shirt—léine
shoe—bróg
shop—siopa

short—gearr
shovel—sluasaid
show—taispeáin (v), seó (n)
shut—dún (v), dúnta (adj)
side—taobh
silver—airgead
sing—can
singer—cantóir
single—singil
sister—deirfiúr
sit—suigh
skin—craiceann
skirt—sciorta
sky—spéir
slate—slinn
sleep—codail (v), codladh (n)
slow—mall
small—beag
smile—miongháire (n)
smoke—toit, deatach
snow—sneachta
    snowing—ag cur sneachta
so—mar sin
soap—gallúnach
society—cumann, sochaí
sock—stoca
sofa—tolg
someone—duine éigin
something—rud éigin
sometimes—uaireanta
somewhere—áit éigin
song—amhrán
sorrow—brón
sound—fuaim (n)
soup—anraith
speak—labhair
special—ar leith
spectacles—spéaclaí
spend—caith
spirit—spiorad
spoon—spúnóg
spring—earrach (n)
stall—seastán
start—tosaigh (v), tús (n)

station—stáisiún
stay—fan (v)
still—fós, go fóill, i gcónaí
stockings—stocaí
stone—cloch
stop—stad; bus stop—stad na
    mbus
story—scéal
stove—sorn
strawberries—sútha talún
street—sráid
    in the street—sa tsráid
strike—stailc; on strike—ar stailc
strong—láidir
sugar—siúcra
suggest—mol
suit—culaith (n), oir do (v)
summer—samhraidh
summit—mullach
sun—grian
sunbathe—déan bolg le gréin
supper—suipéar
sure—cinnte
swear—mionnaigh
sweet—milis
sweetheart—grá bán
swim—snámh
Switzerland—an Eilvéis

T

table—bord
tackle—fearas (n), tabhair faoi (v)
take—tóg
talk—caint
tall—ard
taste—blas (n), blais (v)
tasty—blasta
tea—tae
teach—múin
teacher—múinteoir
team—foireann
tease—spoch as
telephone—fón, guthán

television—teilifís
tent—puball
thanks—buíochas
    thank you—go raibh maith agat
that—go, a
that—sin (adj)
the—an, na (pl)
them/they—siad, iad
then—ansin
then (so)—mar sin
there—ansin
these—sin
thigh—ceathrú
thin—tanaí
thing—rud; anything—aon rud
think—meas, síl
thirst—tart; I'm thirsty—tá tart orm
this—seo; this one—an ceann seo
thousand—míle
throat—scornach
throw—caith
ticket—ticéad
tide—taoide
tie—carbhat
time—am; what's the time?—cén t-am é?
tin (can)—canna
tire—tuirsigh
tired—tuirseach; I'm tired—tá tuirse orm
tiresome—tuirsiúil
to—go, go dtí
toast—arán tíortha
toilet—leithreas, teach an asail
tomato—tráta
tomorrow—amárach
tonight—anocht
too—freisin, fosta, leis
too—ró-
too much—an iomad, barraíocht
tool—uirlis
tooth—fiacail; toothache—tinneas fiacaile

top—barr
tower—túr
town—baile mór
trace—rian
traffic—trácht
train—traein
translate—aistrigh
transport—iompar
travel—taistil
treble—faoi thrí
tree—crann
trousers—bríste
tune—fonn
turkey—turcaí
turn—cas (v), casadh (n)
    your turn—do shealsa
tweed—bréidín
    Irish tweed—bréidín Gaelach
twenty—fiche
twice—faoi dhó
two—dhá, a dó; two people—beirt

U

ugly—gránna
uncle—uncail
under—faoi
underpants—fobhríste
understand—tuig
unfortunately—ar an drochuair
upstairs—thuas staighre; go upstairs—téigh suas an staighre

V

vale—gleann
valley—gleann
value—luach
very—an-, iontach
village—sráidbhaile
voice—guth

W

wait—fan; wait a minute—fan nóiméad
wake—dúisigh
Wales—an Bhreatain Bheag
walk—siúil; go for a walk—téigh ag siúl
wall—balla
want—tá ó; I want—tá...uaim
warm—teolaí
wash—nigh
water—uisce
watch—uaireadóir (n), féach ar (v)
wave—tonn (n)
way—slí
weak—lag
wear—caith
weather—aimsir
wedding—pósadh
week—seachtain
welcome—fáilte
well—go maith (adv), tobar (n)
Welsh—Breatnais *(language)*
wet—fliuch
what?—cad é?
    what's the matter?—cad atá cearr?
wheel—roth
when?—cathain?
when—nuair
where?—cá?
    where are you from?—cad as duit?
which?—cé acu?
whiskey—uisce beatha
white—bán
who?—cé?; who's that?—cé sin?
why?—cén fáth?
wide—leathan
wife—bean (chéile)
will—toil (n)
    please—le do thoil
win—buaigh

wind—gaoth
window—fuinneog
wine—fíon
winter—geimhreadh
wish—mian (n), is mian le (v)
with—le
woman—bean
wonderful—iontach
wood—adhmad; a wood—coill
word—focal
work—obair (v & n)
world—domhan
worse—níos measa
worth—luach (n)
wound—créacht
write—scríobh
wrong—cearr, mí-cheart

Y

year—bliain
yellow—buí
yes—is ea, tá, *etc.*
yet—fós, go fóill
you—tú, tusa
young—óg
your—do; your mother—do mháthair; your hair—do chuid gruaige

ÁISÍNTEACHT
DÁILIÚCHÁN LEABHAR
BOOK DISTRIBUTION CENTRE

31 Stráid na bhFinini, Baile Átha Cliath 2.
31 Fenian Street, Dublin 2. Fón: 616522

Dymuna'r Lolfa ddiolch yn fawr iawn
i'r Ganolfan Ddosbarthu Llyfrau yn
Nulyn am eu cymorth a'u brwd-
frydedd dros gyhoeddi'r llyfr hwn.

Y Lolfa, the publishers of this book, wish to thank
the Irish Book Distribution Centre for their very
valuable help with its publication and distribution
in Ireland.